De funcionários a influenciadores

Dados Internacionais de Catalogação na Publicação (CIP)
Angélica Ilacqua CRB-8/7057

Terra, Carolina
   De funcionários a influenciadores : por que ter programas de funcionários *influencers* vale a pena / Carolina Terra. — São Paulo : Summus, 2025.
   112 p.

   Bibliografia
   ISBN 978-65-5549-166-1

   1. Comunicação organizacional 2. Marketing de influência 3. Redes sociais 4. Influência digital 5. Funcionários — Imagem institucional I. Título

25-1241   CDD 659.2

Índices para catálogo sistemático:
1. Comunicação organizacional

www.summus.com.br

EDITORA AFILIADA

Compre em lugar de fotocopiar.
Cada real que você dá por um livro recompensa seus autores
e os convida a produzir mais sobre o tema;
incentiva seus editores a encomendar, traduzir e publicar
outras obras sobre o assunto;
e paga aos livreiros por estocar e levar até você livros
para a sua informação e o seu entretenimento.
Cada real que você dá pela fotocópia não autorizada de um livro
financia o crime
e ajuda a matar a produção intelectual de seu país.

De funcionários a influenciadores

POR QUE TER PROGRAMAS DE
FUNCIONÁRIOS *INFLUENCERS*
VALE A PENA

CAROLINA TERRA

DE FUNCIONÁRIOS A INFLUENCIADORES
Por que ter programas de funcionários influencers *vale a pena*
Copyright © 2025 by Carolina Terra
Direitos desta edição reservados por Summus Editorial

Editora executiva: **Soraia Bini Cury**
Preparação: **Nathália Fernandes**
Revisão: **Michelle Campos**
Capa: **Delfin [Studio DelRey]**
Projeto gráfico: **Crayon Editorial**
Diagramação: **Natalia Aranda**

Summus Editorial

Departamento editorial
Rua Itapicuru, 613 – 7º andar
05006-000 – São Paulo – SP
Fone: (11) 3872-3322
http://www.summus.com.br
e-mail: summus@summus.com.br

Atendimento ao consumidor
Summus Editorial
Fone: (11) 3865-9890

Vendas por atacado
Fone: (11) 3873-8638
e-mail: vendas@summus.com.br

Impresso no Brasil

Dedico esta publicação aos profissionais contemporâneos que, diante de tantas atribuições, ainda se mantêm atentos e conectados com o dinamismo e a volatilidade das plataformas e tecnologias sem deixar de lado os valores humanos.

À minha família (Edu, Bruno, Pedro; meus pais, Eugenio e Nina; meus irmãos e cunhados; meus sobrinhos) e aos meus amigos, pelo suporte, apoio e amor.

Sumário

PREFÁCIO 9

INTRODUÇÃO 13

1. MARCAS INFLUENCIADORAS, FUNCIONÁRIOS *INFLUENCERS* 17

2. O MERCADO DE INFLUÊNCIA 21

3. AS LENTES DA AMADORIZAÇÃO E DA *CREATOR ECONOMY* EXPLICAM
O FENÔMENO DOS PROFISSIONAIS INFLUENCIADORES. 25
Linha do tempo da influência digital 30
O termo "influenciador digital" 32

4. ECOSSISTEMA DA INFLUÊNCIA CORPORATIVA DIGITAL 39
Influenciadores internos 42
C-level influencer 52
O CEO como canal de comunicação 69
As noções de capital de Bourdieu (1997) e Karhawi (2020)
aplicadas ao modelo de CEO *influencer* 72

5. VISIBILIDADE, REPUTAÇÃO, AUTORIDADE E POPULARIDADE 77
Habilidades e competências necessárias para ser um
C-level influencer. 79

6. OS 8 Cs DO FUNCIONÁRIO *INFLUENCER* 83

7. PROGRAMA DE INFLUENCIADORES INTERNOS 89

CONSIDERAÇÕES FINAIS 93

REFERÊNCIAS 99

Prefácio

COSTUMO INICIAR DEBATES, AULAS e palestras sobre influenciadores digitais lembrando que essas figuras midiáticas não surgem no vazio. Não apenas são sujeitos do seu tempo como também estão vinculados a uma longa história que antecede até mesmo o digital.

Embora o termo "influenciador digital" nos faça lembrar de pessoas que constroem visibilidade midiática nas redes sociais e a convertem em ganhos financeiros, a palavra "influência" não se esgota aí. Sujeitos influentes eram os líderes de opinião, mapeados por Paul Lazarsfeld e seus colegas ainda nos anos 1940; influentes eram (e são) os professores nas escolas, os padres nas pequenas cidades, os políticos. Um sujeito influente é o melhor amigo cinéfilo, capaz de indicar filmes sob medida para cada um de sua roda de amigos. A influência é parte da nossa forma de relação em grupos e em sociedade.

Antes de nosso imaginário ter sido povoado pela ideia de "influenciador digital" como alguém que trabalha com a influência que é capaz de exercer — sobretudo nos processos de consumo material —, os sujeitos influentes continuam espalhados por aí.

Assim, o que Carolina Terra faz neste livro é propor uma retomada, um olhar para dentro. A autora reconhece que é no espaço das organizações e no cotidiano dos funcionários que se encontra o mais influente dos *influencers*.

Este não é um livro "anti-influenciador", nem pretende desestimular a contratação de criadores de conteúdo digital para campanhas publicitárias e parcerias comerciais. Há um debate inteiro dedicado a reconhecer como eles podem transformar uma #publi em produtos esgotados nas prateleiras. Aqui, Carolina extrapola o quadro comemorativo do "funcionário do mês" e o clássico fluxo de contratação do "marketing de influência" e apresenta razões para que marcas e organizações se voltem para seus funcionários e suas altas lideranças.

Com sua experiência sólida no campo da comunicação organizacional, a autora alia repertório teórico, mapeamento de tendências e domínio prático para discutir um fenômeno atual. Ao mesmo tempo, convida-nos a repensar o lugar das lideranças e dos funcionários nas estratégias de visibilidade das organizações, mostrando como a construção da reputação passa, cada vez mais, pelas vozes que falam de dentro — e não apenas de fora — da empresa.

Mais do que fazer diagnósticos, o livro propõe caminhos: apresenta exemplos, práticas e reflexões que interessam não só aos estudiosos da comunicação, mas também a profissionais e gestores que atuam nos bastidores (ou à frente) da comunicação de marcas e organizações.

Quando publicou *Cultura da convergência*, livro que marcou o início da tão anunciada revolução digital, Henry Jenkins afirmou que tudo estava mudando simultânea e desordenadamente, e que parecia não haver um *ponto privilegiado*, fora dessa confusão, que permitisse enxergar e compreender as coisas. Ao ler este livro em primeira mão, minha sensação é a de que Carolina Terra foi capaz de enxergar ordem no caos, partindo de algum ponto privilegiado de sua clareza e generosidade intelectual, que agora partilha conosco nesta obra.

Boa leitura!

ISSAAF KARHAWI
Professora do Departamento de Comunicações e Artes da Escola de Comunicações e Artes da Universidade de São Paulo (ECA-USP) e autora do livro *De blogueira a influenciadora* (2020)

Introdução

Vamos partir do contexto de digitalização como algo indissociável do campo contemporâneo da comunicação e que traz como consequências impactos significativos nas relações de consumo, sociabilidade, influência, negócios, entretenimento, educação, religião, política etc. Nosso foco, aqui, se dá nas consequências de tais impactos na comunicação das organizações, mas também no comportamento das pessoas. Os efeitos da transformação digital podem ser percebidos na maneira como planejamos as ações de comunicação, assim como na forma de os indivíduos se relacionarem entre si e com as organizações. Sobre tal processo de digitalização, de certo modo compulsório e irreversível, diz Han (2017, p. 126):

> [...] Sim, hoje nós nos fazemos importantes nas redes sociais, no Facebook. Nós produzimos informações e aceleramos a comunicação, na medida em que nos "produzimos", nos fazemos importantes. Nós ganhamos visibilidade, expomo-nos como mercadorias. Nós nos produzimos para a produção, para a circulação acelerada de informação e comunicação.

A era pós-covid e a consequente aceleração dos processos de transformação digital também colocaram as organizações em papéis de protagonismo, conforme evidencia Nassar (2022):

"Um dos efeitos da pandemia de covid-19 foi a valorização da representação expandida nas organizações, especialmente nas empresas. E este acontecimento não tem volta". Além disso, é possível trazer a ideia de movimentação constante a que estamos submetidos diante do dinamismo de tudo, sobretudo na comunicação, como pontua Saad (2022, p. 18) ao dizer que estamos sujeitos ao "[…] contínuo surgimento de novas especialidades, novos processos e novos suportes que caracterizam a aceleração e a digitalização dos processos sociotécnicos contemporâneos". Nossa relação com as telas e com o digital, portanto, é um fato absolutamente inegável.

Assim, após as ponderações feitas acerca da digitalização, vale nos debruçarmos sobre a influência digital. A influência, para Terra (2021, p. 27), configura-se pela "[…] capacidade que um agente tem de convencer, impactar, ter um poder sobre, ainda que seja de apenas influir em uma decisão, ter autoridade". Os agentes influenciadores no âmbito digital são os novos formadores de opinião. O endosso de um influenciador digital, de um jornalista ou veículo de mídia, de um site de reclamações ou de qualquer outra entidade impacta a percepção das pessoas em relação a marcas, produtos, serviços e indivíduos. Portanto, mapear quem faz parte do ecossistema de influência organizacional digital auxilia na escolha de qual estratégia serve para cada momento e de quem acionar. Mais adiante, explicaremos o conceito de ecossistema de influência digital com o objetivo de mostrarmos as possibilidades que as organizações têm ou podem desenvolver a partir dele, sem necessariamente dependerem ou ficarem reféns dos influenciadores digitais convencionais.

Para a empresa Youpix, que trabalha com marketing de influência no Brasil, ser influente é "[…] um mérito conquistado por meio de autoridade e credibilidade construídas ao longo do tempo. Para conquistar essa posição, é necessário fornecer conteúdo autêntico e consistente, demonstrando conhecimento e comprometimento com uma audiência específica".

Acreditamos que uma organização não precisa única e exclusivamente de influenciadores digitais para se tornar uma agente influenciadora. Ela pode mobilizar seu público interno — como funcionários e lideranças — e ser uma marca influenciadora, assim como incentivar e que seus clientes fiéis, embaixadores e comunidades de marca, entre outras possibilidades, sejam veículos de influência institucional. Neste livro, nos concentraremos no âmbito interno das organizações como motor de influência organizacional.

No primeiro capítulo, tratamos das marcas e dos funcionários influenciadores digitais. Já o segundo capítulo se dedica a explorar o mercado de influência. O terceiro fala do fenômeno da amadorização e da economia dos criadores de conteúdo, pontuando mudanças discursivas em relação aos termos que utilizamos para tratar de quem vive de influência. O quarto capítulo aborda o ecossistema da influência digital e suas possibilidades para as organizações: como investir em influência sem necessariamente contratar um influenciador externo? O foco desse capítulo, no entanto, gira em torno dos influenciadores internos e dos *C-level influencers*. Além disso, apresentamos exemplos de lideranças influenciadoras nos meios digitais. O quinto capítulo abrange as temáticas da visibilidade, reputação, autoridade e popularidade. No sexto capítulo, desenvolvemos os 8 Cs dos funcionários influenciadores, características que julgamos necessárias para que os empregados — de quaisquer níveis e funções — desempenhem seus papéis de influência nas plataformas sociais digitais. Por fim, apresentamos breves considerações sobre como implementar um programa de embaixadores internos e finalizamos este livro com algumas reflexões.

1. Marcas influenciadoras, funcionários *influencers*

PARTIREMOS, AQUI, DA PREMISSA de que toda companhia é uma organização de mídia. A frase é célebre e remonta a 2010, tendo sido dita, originalmente em inglês, por Tom Foremsky: "*every company is a media company*". Em seu artigo, Foremsky argumentava que dezenas de milhares de empregos de jornalistas estavam acabando e que toda companhia precisava aprender a ser uma empresa de mídia, porque quem não é visto não existe. Além disso, o autor (2010) declarou: "Toda empresa é uma empresa de mídia porque publica para seus clientes, sua equipe, seus vizinhos, suas comunidades". Cardoso (2021, p. 102) corrobora a questão ao dizer que, "se as marcas não ocupam os seus espaços com as suas próprias pautas — que deveriam exaltar os valores de suas marcas —, esses mesmos espaços serão ocupados por terceiros. E, pior, aos olhos do público, ocupando um lugar de voz da própria organização que se omitiu".

Segundo Almeida e Andrelo (2022, p. 13), além do que foi afirmado anteriormente, as organizações ainda gozam de uma posição destacada no âmbito social:

As organizações ocupam um papel de destaque nas sociedades, não apenas pelos produtos vendidos ou serviços fornecidos, mas pelo fato de impactarem e serem impactadas pelos diversos sujeitos, em uma relação que envolve os âmbitos social, econômico, político e cultural. São redes de interação social que, para existirem, precisam ser legitimadas pela sociedade, o que acontece pelas práticas, pelo discurso e pelo diálogo estabelecido.

Consideramos que as organizações tenham a capacidade de se desenvolver no sentido de se tornarem marcas influenciadoras digitais. Ser um agente organizacional de influência significa, a nosso ver, não só poder desempenhar a função ativa de influir e impactar audiências, causas, "bandeiras" e questões, como também poder usar, se necessário, de todo o arcabouço de influência disponível. Para nos aprofundarmos nessas possibilidades de influência corporativa, criamos o *ecossistema da influência organizacional digital*, que apresentaremos mais adiante.

De acordo com Terra (2021), uma marca influenciadora digital é aquela que consegue estabelecer presença marcante nas redes sociais e plataformas digitais, influenciando o comportamento, as percepções e até as decisões de compra do seu público-alvo. Essa influência é conquistada pela criação de conteúdo relevante, engajador, autêntico e alinhado aos valores e interesses da audiência, gerando uma relação de confiança e identificação com os seguidores.

Para se tornar uma marca influenciadora digital, é fundamental que a empresa adote práticas comuns aos influenciadores de "carne e osso", como autenticidade, transparência, interação frequente com os seguidores e o estabelecimento de uma personalidade digital bem definida. Dessa forma, a marca deixa de ser apenas uma entidade comercial e passa a se posicionar como uma referência e/ou autoridade em determinados temas ou nichos, inspirando e impactando a sua audiência de forma significativa.

Neste livro, interessa-nos discutir um dos aspectos que foram remodelados com as plataformas digitais sociais: o universo de influência digital e o surgimento de novos agentes influenciadores, inclusive dentro das próprias organizações, como funcionários e lideranças. Nassar (2022) ressalta o fator pandêmico como marco na comunicação e na influência digitais:

> A tecnologia da comunicação digital assumida como sobrevivência e oportunidade pelas empresas rompeu com a tradição da representação tradicionalmente exercida por poucos (os porta-vozes), que veio do medievo, atravessou o tempo moderno e transformou todos — do porteiro ao presidente da empresa, "de pê a pê" — em representantes da identidade, dos produtos, das causas e dos propósitos, em um horizonte de informação global.

Também nos pautamos na seguinte afirmação de Foucault (1997, p. 61): "Não se pode falar de qualquer coisa em qualquer época". Acreditamos que a comunicação seja um produto do espírito do tempo. E, na contemporaneidade, trabalhar a visibilidade pessoal nas mídias sociais faz sentido e é esperado, sobretudo das pessoas públicas e das lideranças, que têm alguma posição de destaque. No entanto, a influência não se restringe à hierarquia. A autenticidade e a originalidade das pessoas comuns também atraem as audiências que querem conhecer bastidores organizacionais, clima e cultura da empresa, ambiente, formatos de trabalho etc. — tudo isso da "boca" de quem vive esse dia a dia.

Para situarmos a relevância do tema, nos debruçaremos sobre dados e números acerca do mercado de influência.

2. O mercado de influência

A INDÚSTRIA DA INFLUÊNCIA digital vem saltando patamares de investimento e de volume de pessoas há alguns anos. Dados do "The state of influencer marketing 2025: benchmark report" (Influencer Marketing Hub, 2025) apontam que essa indústria de marketing de influência lucrou aproximadamente US$ 24 bilhões em 2024 e deve atingir US$ 32,55 bilhões até o final de 2025. A evolução desse mercado pode ser vista na Figura 1 (p. 22).

Uma pesquisa do Statista Global Consumer Survey (2021) feita em 56 países, com mais de um milhão de entrevistados entre 18 e 64 anos, de fevereiro de 2020 a março de 2021, apontou que o Brasil é o país que mais compra produtos motivado por influenciadores digitais, seguido de China e Índia.

Além disso, um estudo de 2024 chamado "Publi 2024: o impacto da *creator economy* entre gerações no Brasil" (Cândido, 2024b), conduzido pelo Internet Advertising Bureau (IAB) em parceria com a Offerwise, concluiu que oito em dez brasileiros já compraram produtos recomendados por personalidades digitais, com taxa de satisfação de 80% quanto às compras realizadas.

Outro dado de destaque do mesmo estudo aponta que 84% dos entrevistados afirmam ter descoberto novos produtos e buscado mais informações a partir do conteúdo consumido por meio dos influenciadores digitais.

Figura 1 — Tamanho do mercado de marketing de influência (em bilhões de dólares)

Fonte: "The state of influencer marketing 2025: benchmark report" (Influencer Marketing Hub, 2025).

A pesquisa "ROI e influência" (Youpix e Nielsen, 2024, p. 12), feita em 2017, 2019, 2021, 2023 e 2024 apontou que, no Brasil, a relevância estratégica do uso de marketing de influência pelas organizações cresceu de 67% (em 2017), 68% (em 2019), 72% (em 2021) e 75% (em 2023) para 76% em 2024.

Caminhando para os indivíduos como influenciadores, um dado que comprova a sua importância como fonte de informação e crédito é o estudo "Edelman Trust Barometer" (2021), que há anos tem a pessoa comum no topo do *ranking* de confiança. Os CEOs ocupam o quarto lugar na cena de confiança dos brasileiros (como podemos ver na Figura 2, a seguir), ficando atrás da pessoa comum (1º), de cientistas (2º) e do especialista técnico da empresa (3º). As lideranças, portanto, exercem papel fundamental na escala de confiança atribuída pelos brasileiros às diferentes fontes de informação.

Figura 2 — Fontes de confiança de informação dos brasileiros

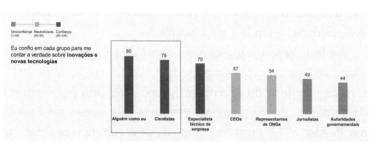

Fonte: Edelman Trust Barometer (2024), slide 12.

Na edição seguinte da pesquisa "Edelman Trust Barometer" (2022), 81% dos entrevistados apontavam que os CEOs deveriam se expor publicamente ao discutir políticas públicas com partes interessadas ou a partir do trabalho que sua empresa fez para beneficiar a sociedade. Uma das formas de obter essa visibilidade é por meio de estratégias de exposição nas mídias digitais: nas mídias próprias da organização, nos perfis corporativos ou pessoais, por meio de entrevistas, palestras, posicionamentos etc. O digital tem papel crucial nessa função. Na edição de 2024, 68% dos entrevistados, no Brasil, esperavam que os CEOs tratassem das mudanças que estavam acontecendo na sociedade, e não só das que estavam ocorrendo em suas empresas.

Nesse mesmo estudo de 2022, para 78% dos brasileiros, os CEOs deveriam fundamentar discussões sobre políticas relacionadas à tecnologia e à automação, enquanto apenas 39% pensavam que eles deveriam se posicionar sobre "quem deve ser o próximo líder do país". Há uma expectativa em torno da opinião dos líderes das empresas: o que pensam, quem ou o que apoiam, que auxílio podem dar à sociedade em geral e que causas as organizações que representam podem "abraçar".

A edição de 2023 da mesma pesquisa explicitou a pressão e a cobrança sociais em torno dos CEOs: no Brasil, esperava-se dessas figuras ações e publicidade quanto ao tratamento dispensado aos trabalhadores, às mudanças climáticas, à discriminação, à desigualdade de renda e até à imigração.

Por fim, trazemos um estudo produzido pela Associação Brasileira de Comunicação Empresarial (Aberje), em julho de 2021, com os membros do LiderCom (grupo integrado por diretores de comunicação das maiores empresas que atuam no Brasil), que destaca o "[...] fortalecimento de uma cultura relacional que fortaleceu a consciência de que todos, independentemente da hierarquia, representavam a empresa diante da sociedade e dos mercados" e, ainda, a necessidade de "identificar e apoiar as ações de representação do CEO, do *C-level* e da alta gerência, contribuindo para a construção da marca e da reputação" (Nassar, 2022).

Apresentados os dados da relevância do mercado de influência e da posição destacada dos líderes, a intenção deste livro é, primeiro, apresentar o ecossistema que envolve a influência digital, para, em um segundo momento, mostrar programas de influenciadores internos e as oportunidades de uso entre a alta gestão e como ajudam na construção de imagem e na reputação das marcas para as quais trabalham. Além disso, desenhamos os 8 Cs do funcionário influenciador, que abordaremos mais adiante.

A metodologia predominante é a pesquisa bibliográfica e exploratória, adicionada de exemplos escolhidos por amostra intencional de programas de influência interna e de líderes e sua presença nas mídias sociais. Segundo Flick (2009), uma revisão da literatura teórica e empírica sobre temas de interesse ajuda a explorar novas perspectivas, além de permitir estudos comparados. Com a pesquisa bibliográfica, portanto, o objetivo é "mostrar as tendências das investigações a respeito de um tema ou um conceito" (Martino, 2018, p. 96).

3. As lentes da amadorização e da *creator economy* explicam o fenômeno dos profissionais influenciadores

Assumimos que a creator *economy*[1] faz emergir figuras que não vivem profissionalmente da influência, mas a usam a seu favor ou em benefício das organizações a que pertencem. A cultura dos criadores de conteúdo é mais ampla que a economia dos influenciadores digitais por reunir estes últimos e quaisquer produtores de conteúdo dispostos nas plataformas sociais digitais, mesmo os não profissionais, ou seja, os amadores.

Há muito vemos médicos, dentistas, nutricionistas, advogados, professores, lideranças de organizações, profissionais das mais diversas áreas e campos criando perfis nas mídias sociais com a função de atrair mais clientes, pacientes, engajar funcionários e afins e ter mais visibilidade, isto é, projetar-se como marca. Segundo o The Shift (2022), os criadores de conteúdo se caracterizam "[…] por essa categoria de produtores independentes que prosperam criando conteúdos originais para consumo nas plataformas digitais". Para Conte (*apud* The Shift, 2022), as cinco máximas dos criadores de conteúdo devem girar em torno de: praticar o *design* personalizado; transformar inspiração em uma máquina; menos

---

1. Traduzida como economia dos criadores ou produtores de conteúdo. Estende-se aos influenciadores digitais ditos profissionalizados e também aos profissionais liberais, autônomos, empreendedores e outros pequenos produtores de conteúdo que usam plataformas de mídias sociais para divulgar o que fazem/vendem/pregam com fins de influência, relacionamento, exposição e consumo.

é mais, sempre; e, finalmente, lembrar-se de que você tem uma plateia potencial de bilhões de pessoas. Tornar-se produtor de conteúdo frequente virou necessidade para os profissionais, para se autopromover e para engajar pares, liderados e captar clientes.

Camargo (2021) classifica o criador de conteúdo — sobretudo fora do Brasil — como uma figura paga pelas organizações para produzir conteúdo, fazer postagens e sugestões de temáticas a serem abordadas a fim de gerar identificação, sem necessariamente aparecer como um rosto da marca. No entanto, ele auxilia a marca nessa humanização. Já o influenciador, para o mesmo autor, é alguém que tem credibilidade e influência independentemente da quantidade de seguidores; seu objetivo é impactar para a conversão: vendas, convencimento, adesão etc. Em sua opinião, no Brasil, a nossa realidade mescla as duas configurações: influenciadores que se tornam criadores de conteúdo e vice-versa.

Karhawi (2016) já falava na noção de influenciador como uma marca própria e autônoma. O influenciador é medido, na maioria das vezes, pelos números que gera, pelas pessoas que engaja, mas também pelo prestígio ou pela distinção que tem. Ao se transformar em verdadeiro veículo de mídia, consegue monetizar seus conteúdos, atraindo marcas, parcerias e ofertas que dialoguem com o universo de temas com os quais trabalha.

Isso posto, quando um profissional se lança à rede, almeja não apenas a monetização pura e simples como forma primeira de fonte de renda, mas também a atração de gente para os seus negócios. Em um primeiro momento, esses profissionais de mercado não se enquadram na categoria de influenciadores digitais, mas fazem uso das redes como mecanismo de visibilidade e atenção. Muitas vezes, são amadores produzindo conteúdo.

A esse respeito, resgatamos Karhawi (2021, p. 145), que evidencia a relação entre a cultura da participação — amplamente discutida por autores como Clay Shirky (2011), Henry Jenkins

(2009) e Chris Anderson (2006) — e os primórdios da influência digital: "Os influenciadores são filhos da cultura da participação, em que há a entrada de amadores no polo da produção e em que a possibilidade de produzir conteúdo não está mais restrita apenas àqueles que têm a posse dos meios tradicionais de difusão e distribuição".

Assim, a gênese desses sujeitos e dessa prática se deu pelo amadorismo, pelo uso de ferramentas de distribuição e de produção abertas a todos — como as plataformas de redes sociais digitais. Por esse motivo, a pessoalidade é imperativa e definidora da relação dos influenciadores com os próprios públicos.

Nos últimos anos, houve uma profissionalização dos influenciadores digitais (Karhawi, 2020), mas há toda uma camada de usuários-mídia[2] (Terra, 2011) que têm como objetivo ganhar visibilidade, marcar presença e ter engajamento no âmbito das mídias sociais sem necessariamente ser *influencers*, cuja fonte primária de receita são as redes. Entendemos que aí se encaixa toda sorte de profissionais autônomos, empreendedores, funcionários das organizações e lideranças. Portanto, tanto o funcionário influenciador quanto o *C-level influencer* se respaldam nessa necessidade de se projetar nas redes com fins de construção de uma marca pessoal, mas também com a função de serem vitrines corporativas.

Em uma tentativa de identificar períodos de desenvolvimento da era da influência digital, nos baseamos em um relatório da Youpix (2021) que faz uma retrospectiva do ano de 2021 e tece apostas para 2022. A primeira era da influência, a nosso ver, esteve

---

2. O termo "usuário-mídia" foi criado em 2011 por Carolina Terra em sua tese de doutorado, desenvolvendo-se em função dos indivíduos, seres midiatizados e empoderados pelas plataformas de mídias sociais digitais como instrumentos de divulgação, exposição e expressão pessoais. Cada sujeito pode atuar como um canal de mídia: produtor, criador, compositor, montador, apresentador, "remixador" ou apenas difusor de conteúdo.

marcada pela amadorização e, portanto, pelos usuários-mídia. Indivíduos encantados e empoderados por ferramentas digitais e sites de mídia social tinham (e ainda têm) a possibilidade de produzir conteúdos e compartilhar com as suas redes de conexão e contato. Em um segundo momento, emergem daí os influenciadores digitais, usuários produtores de conteúdo com capacidade de monetizar suas criações. Mais recentemente, impulsionadas pela pandemia, pelo isolamento e distanciamento sociais, inúmeras pessoas se viram obrigadas a usar a internet e o digital como meio de trabalho, entretenimento, negócios, exposição e muito mais. Assim, temos a terceira era da economia da influência, caracterizada pelos criadores de conteúdo — ou, no termo em inglês, *creator economy*. Os influenciadores digitais, já consolidados, veem-se obrigados a ter novas fontes de receita e passam, também, a oferecer conteúdos autorais, como cursos, conteúdos exclusivos, assinaturas, financiamentos coletivos e, mais recentemente, marcas próprias de produtos. Ademais, a camada de usuários-mídia precisou usar as plataformas sociais digitais para promover o seu negócio, trabalho ou ganha-pão, tornando-se, igualmente, criadores de conteúdo.

No relatório de 2025 "Vem aí na *creator economy*", feito pela Youpix, há uma organização temporal do que se considera a evolução da economia dos criadores de conteúdo, conforme vemos na Figura 3 (p. 29).

Da possibilidade de todos sermos potenciais criadores de conteúdo à profissionalização da influência, nota-se que os influenciadores digitais de grande magnitude tornaram-se empreendedores e donos de seus negócios, necessitando utilizar serviços e plataformas que os apoiem na condução dos seus negócios.

Embora se aponte para uma profissionalização e sofisticação da influência digital, a amadorização se explica pelo valor que o público atribui à espontaneidade e à autenticidade. Nas empresas,

Figura 3 — Linha do tempo da *creator economy*

1ª era Eu, criador	**Anos 1990, início dos anos 2000** Todo mundo virou criador de conteúdo. Começou com os blogs, Orkut, Fotolog e afins. Estávamos felizes em publicar e ter pessoas lendo a gente.
2ª era Eu, *influencer*	**2014-2020** Nasceu o digital *influencer*, com pessoas acumulando audiência e ganhando dinheiro com as marcas, AdSense etc. Queríamos ser notados pelas marcas.
3ª era Eu, empreendedor	**2021-2023** O *creator* virou empreendedor e precisa criar um negócio independente da lógica dos algoritmos e das marcas, através da monetização direta por sua comunidade.
4ª era Nós, as *startups*	**2024-...** Há mais pessoas no mercado; vindas das dores dos *creators* ou da observação do nosso mercado, as *startups* estão consolidando um ecossistema ainda maior de empresas na *creator economy*.

Fonte: "Vem aí na *creator economy*", Youpix 2025.

a tendência de os funcionários atuarem como "influenciadores internos" tem crescido como estratégia de engajamento e *branding*. Ao compartilhar suas experiências de trabalho e demonstrar confiança nos produtos e serviços que ajudam a criar, esses profissionais se tornam representantes confiáveis da organização, aproximando a marca de novos públicos. A vantagem dos funcionários influenciadores é a legitimidade que trazem. O público tende a confiar mais em mensagens compartilhadas por empregados reais da empresa do que em campanhas publicitárias tradicionais. Há também uma expectativa, tanto por porte dos funcionários quanto das audiências, de que as lideranças estejam nas redes por questões de diálogo, transparência e confiança.

LINHA DO TEMPO DA INFLUÊNCIA DIGITAL

Vale iniciarmos o tópico pontuando o que reforçamos ser influência, isto é, a capacidade que um agente ou organização tem de persuadir ou levar alguém a determinada ação. Para Terra (2021, p. 27), "alguém que influencia outras pessoas serve de modelo, de referência, de exemplo".

Santos (2022, p. 72) vai na mesma linha de convencer o outro:

Influenciar nada mais é do que persuadir ou ajudar o outro a tomar alguma decisão, seja para definir seu posicionamento em relação a algum tema, seja até mesmo para optar por adquirir ou não um produto ou serviço. Quanto mais força, argumentos e informação de qualidade um influenciador traz no conteúdo que produz, maior será seu poder de convencimento e sua influência pessoal.

A empresária do ramo da influência e autora do livro *Profissão influencer* Fátima Pisarra (2022, p. 83) concorda: "Influenciar alguém nada mais é do que fazer com que a sua opinião seja válida para a outra pessoa a ponto de convencê-la a fazer algo".

Feitas as ponderações acerca do que entendemos por influência, partimos para as definições ligadas aos influenciadores digitais e a suas derivações.

Por óbvio, não se pode dizer que os influenciadores não existiam antes do digital — ocorreu um recrudescimento da

De funcionários a influenciadores

capacidade de influência em função das plataformas digitais e suas finalidades sociais. Dessa forma, a atividade de "influenciador digital" passou a existir dentro da lógica das mídias sociais digitais.

Karhawi (2017) sinaliza que, antes da profissionalização dos agentes influenciadores digitais, as nomenclaturas mais comuns para se referir a eles variavam muito de acordo com a plataforma que utilizavam. Dessa maneira, tal posição começou a ganhar vulto com os blogueiros, depois com os "vlogueiros" e *youtubers*. Pelos discursos circulantes na mídia, muitos se referiam a essas figuras como formadores de opinião.

Pesquisas que vêm desde Lazarsfeld, Berelson e Gaudet (1967) demonstraram a importância da influência de grupos próximos como família, amigos e conhecidos diante, muitas vezes, da influência dos meios de comunicação, e acabaram por destacar tal figura do formador de opinião, ou seja, alguém que funciona como uma espécie de curador de conteúdos e informações e exerce influência em grupos e audiências.

Pensando na capacidade de produzir e distribuir conteúdo, Terra (2011, p. 86) discorreu a respeito do usuário-mídia e passou a considerá-lo um formador de opinião *online* em trabalhos posteriores:

> [...] *heavy user* tanto da internet como das mídias sociais e que produz, compartilha, dissemina conteúdos próprios e de seus pares, bem como os endossa junto às suas audiências em blogs, microblogs, fóruns de discussão *online*, comunidades em sites de relacionamento, *chats*, entre outros.

Pode-se dizer que a terminologia "usuário-mídia" muito se assemelha a "*creator*", em definições atuais. Falaremos mais a respeito disso nos próximos tópicos.

Se pensarmos nos influenciadores digitais, podemos inferir que são produtores de conteúdo que vão além de ser meros consumidores, condição que se torna crucial para que os classifiquemos como tal. A despeito do termo, vale mencionar quando se deixou de denominar blogueiros e afins para se passar a chamá-los de influenciadores digitais.

O TERMO "INFLUENCIADOR DIGITAL"

A mudança paradigmática, segundo Karhawi (2020, p. 206), surgiu entre 2014 e 2015, quando os influenciadores passaram a assim se autodenominar: ""[…] Nomear-se apenas como blogueira seria limitador, uma vez que o blog não era mais a única possibilidade de atuação de quem estava nas redes sociais digitais". Para a autora (*Id.*, p. 208), "a denominação mais genérica cumpre o papel de explicar quem são esses sujeitos que trabalham com e na internet, independentemente, da plataforma em que atuam ou do conteúdo sobre o qual escrevem, filmam ou fotografam".

Em outra ocasião, Karhawi (2017, p. 53) apontou possibilidades em relação à mudança de nomenclatura de blogueiros para influenciadores digitais: "Um dos principais motivos pode estar atrelado à entrada de novos aplicativos na esfera de produção desses profissionais que deixaram de se restringir a apenas uma plataforma — só o YouTube, no caso dos vlogueiros; ou só o blog, no caso dos blogueiros".

Cabe-nos destacar aqui que, para que sejam considerados influenciadores digitais, Karhawi (*Id.*, p. 54) acredita que estes precisam reunir certas características: prestígio, distinção e poder no ambiente digital. A autora ressalta que tais atributos não são dados, mas precisam "[…] passar por um processo de construção e manutenção de reputação".

Com base nos estudos de Karhawi (2017, 2020), desenhamos uma linha do tempo evolutiva dos termos que caracterizam os influenciadores digitais (Figura 4).

Figura 4 — Evolução da nomenclatura envolvendo os agentes influenciadores digitais

Nomenclaturas

Blogueiro, youtuber, vlogger	Usuário-mídia	Influenciador digital	Creator
2000-2010	2011	2014-2015	2022

Fonte: Terra (2023, p. 8).

Nos últimos dois anos, nota-se uma nova forma de se referir aos influenciadores digitais. Outro termo entra em cena: *creators*. Uma pesquisa na ferramenta Google Trends dos últimos cinco anos (2020-2025) mostra como a nomenclatura foi ganhando interesse nas buscas dos usuários em um período de pouco mais de uma década, conforme vemos na Figura 5 (p. 34). Acreditamos que o termo *"creators"* só perca para *"influencers"*, pois essa é uma denominação genérica de influenciadores, valendo inclusive fora do âmbito digital.

Santos (2022, p. 82) também destaca as diversas formas de se referir aos influenciadores digitais, conforme se segue: blogueira, blogueirinha, *blogger*, *instagramer*, *tiktoker*, *trendsetter*, *digital influencer*, *creator*, criador de conteúdo, curador de conteúdo, genuinfluenciadores[3] ou neoinfluenciador[4].

---

3. Seriam os formadores de opinião mais interessados em transmitir uma mensagem do que em ganhar dinheiro com publicidade.
4. Segundo Santos (2022, p. 82), são influenciadores que se veem como genuínos, comprometidos com a transparência e que se aproximam, em definição, dos *genuinfluencers*.

Figura 5 — Comparativo dos termos

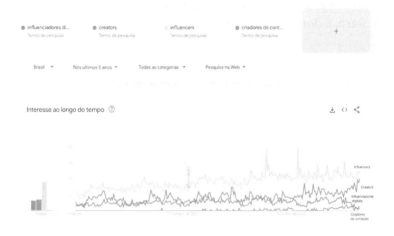

Fonte: Google Trends (2025).

Pisarra (2022, p. 93) faz diferenciações entre os termos criador de conteúdo e influenciador digital, conforme se segue: "[...] O criador de conteúdo de fato cria um conteúdo que agrega, que entrega alguma coisa para as pessoas. [...] O criador de conteúdo é influenciador, mas o influenciador não necessariamente é criador de conteúdo".

A consultoria Youpix, dedicada a estudar e trabalhar com marketing de influência, publicou, no final do ano de 2022, um relatório intitulado "Vem aí na *creator economy* 2023: uma visão da Youpix sobre o futuro do mercado". No documento, há uma transição da influência para uma economia dos criadores de conteúdo:

> Foi no ano passado que esse termo "*creator economy*" apareceu com força no mercado brasileiro. Quem achou que era apenas um novo nome para o já cansado "marketing de influência" errou. A

conversa sobre *creators* hoje não se resume mais à forma como eles vêm servindo às demandas da publicidade e das plataformas. Essa nova economia representa, reconhecidamente, uma reforma na sociedade, pois acelera uma mudança que já vinha acontecendo, onde o poder está migrando para as mãos das pessoas e os *creators* deixam de ser só um "produto" vendido pelas plataformas para se tornarem uma nova classe de ativos e uma economia em si. (Youpix, 2022, p. 6)

Pelo fato de as organizações e de o setor como um todo terem amadurecido em relação ao chamado marketing de influência, mais possibilidades de atuação e novos públicos com aptidão para impactar povoaram o cenário. Se levarmos em consideração a chamada "*creator economy*", a questão das diversas possibilidades de exercer influência e ganhar dinheiro com isso ficam mais evidentes. Pisarra (2022, p. 26) adiciona que "somos todos comunicadores e influenciadores em essência", o que ajudaria a explicar o volume de criadores de conteúdo que não são necessariamente influenciadores digitais.

Por *creator economy* entendemos uma modalidade de negócios centrada em cerca de 50 milhões de criadores (Granja, 2021) e curadores de conteúdo independentes, moderadores de comunidades, dispostos em plataformas de mídia social, de *streaming*, de blogue, de vídeo, de serviços de comércio eletrônico, de assinatura, entre outros. Os criadores de conteúdo passam a ter a possibilidade de gerar renda diretamente com seu público, por meio de cursos, infoprodutos, produtos físicos, financiamentos coletivos, pagamento de assinaturas por conteúdo ou algum acesso exclusivo. Assim, conseguem ter mais controle sobre o próprio trabalho, sem depender apenas das monetizações advindas das plataformas e das parcerias pagas com marcas. Na economia baseada em marketing de influenciadores, tais atores dependiam das "públis"[5] e de parcerias pagas com marcas ou da remuneração obtida por meio das plataformas. Com a economia dos criadores de conteúdo, esses agentes adquirem mais autonomia e oportunidades de gerir subprodutos decorrentes de sua influência, visibilidade, impacto e comunidade.

Um exemplo da *creator economy* é o jornalista Chico Felitti, autor de "A mulher da casa abandonada"[6] (veiculado pela *Folha de S.Paulo*). Em 2023, lançou o *podcast* "O ateliê"[7] e, em 2025, "O síndico"[8], produzido pela sua empresa Pachorra Felitti Áudios, Livros e Filmes, ocasião em que pede aos ouvintes um pagamento de R$ 9,90 para terem acesso a todos os episódios na primeira semana de cada mês. Com os *podcasts*, o criador, roteirista e apresentador pode receber um rendimento advindo dos assinantes, além das monetizações decorrentes das plataformas em que divulga o seu produto em áudio.

Outra definição de economia dos criadores de conteúdo parte de Terra (2022, p. 12):

> Por *creator economy* entendemos a economia dos criadores ou produtores de conteúdo. Estende-se não apenas aos influenciadores digitais ditos profissionalizados, mas também aos profissionais liberais, autônomos, empreendedores e outros pequenos produtores de conteúdo que usam as plataformas de mídias sociais para divulgar o que fazem/vendem/pregam com fins de influência, relacionamento, exposição e consumo.

---

5. "Públi" vem de publicidade e representa um acordo pago entre uma organização e uma figura influenciadora.

6. Disponível em: https://open.spotify.com/show/0xyzsMcSzudBIen2Ki2dqV?si=769c7f2c47294990.

7. Disponível em: https://open.spotify.com/episode/505TcENX01wNBpAGngY8sJ.

8. Disponível em: https://open.spotify.com/show/2SVTRTE9WUPGU8hbMdrXax?si=35306c8e8c634e54.

DE FUNCIONÁRIOS A INFLUENCIADORES

A economia dos criadores de conteúdo, no entanto, não está restrita às figuras que podem fazer de sua visibilidade nas mídias sociais um "ganha-pão" ou um chamariz para os negócios. O modelo convencional de postagens patrocinadas e acordos de marcas com influenciadores é apenas uma fração das oportunidades de monetização existentes para criadores nas mídias sociais e plataformas digitais. Segundo a Youpix (2022, p. 9), fazem parte da *creator economy* também as organizações, ferramentas e funcionalidades que ajudam esse segmento a se movimentar:

Aqui a gente tá falando de tudo: das ferramentas de criação e produção, dos mecanismos econômicos e financeiros, das redes sociais, plataformas, tecnologias como *blockchain*, AI e, claro, até das marcas — que estão deixando de ser protagonistas dos mecanismos que sustentam essa economia para se tornarem, em último caso, obsoletas. De acordo com o Creator Economy Database, temos hoje mais de 300 empresas servindo à essa nova economia. Apesar de ainda termos *startups* dedicadas a repensar a forma como marcas e *creators* dão *match*, a maioria está focada em construir uma realidade onde o *creator* desenvolve seu negócio em outras frentes, como web3, lojas, comércio, comunidade e afins.

Diante da miríade de possibilidades de influência, vamos propor, no próximo capítulo, um ecossistema da influência digital.

4. Ecossistema da influência corporativa digital

Por meio de estudos, observações e pesquisas teóricas e práticas, mapeamos as possibilidades de relacionamento entre uma organização e o universo da influência digital. Assim, chegamos a algumas possibilidades — que chamamos de ecossistema da influência organizacional digital.

No entanto, antes é preciso definir o que os teóricos entendem por ecossistema. Ecossistema é o termo utilizado para se referir a um conjunto de comunidades que vivem em um determinado local, interagem entre si e com o meio ambiente, constituindo um sistema. A palavra é de autoria de Arthur George Tansley, ecólogo que a usou pela primeira vez em 1935. Neste texto, compreendemos "ecossistema da influência corporativa digital" pelo conjunto de agentes, grupos e indivíduos que influenciam e impactam os relacionamentos, percepções, opiniões e decisões de uma organização com seus mais diversos públicos, comunidades e audiências.

Entendemos que a influência digital, de acordo com a figura anterior, pode acontecer por meio de:

1. Influenciadores internos — são os funcionários da organização como potenciais veículos disseminadores de conteúdos. Podem ser:

    a. lideranças como influenciadores digitais (*C-level* de maneira geral ou outros gestores);

b. funcionários (de maneira sistematizada ou espontânea) como influenciadores digitais.

2. Influenciadores próprios — quando a organização tem um ator social exclusivo como personagem ou persona representante da marca nas plataformas sociais digitais. Podem ser:

   a. influenciadores virtuais: avatares construídos para a função;

   b. influenciadores próprios: uma figura representativa da marca que trabalha exclusivamente para aquela organização.

3. Marcas influenciadoras digitais (Terra, 2021) — quando a organização, de maneira sistemática e estruturada, produz conteúdo, se relaciona, se expõe e tem visibilidade, convencendo, persuadindo e figurando como agente influenciador.

4. Influenciadores, que são:

   a. donos da marca;

   b. sócios de marca;

   c. pertencentes a funções corporativas dentro das organizações, assumindo alguma posição gerencial ou executiva.

5. Influenciadores externos de qualquer porte (nano, micro, médio, macro ou celebridade) e as diversas possibilidades de ações de postagens pagas, permuta ou cocriação, relacionamento orgânico etc.

6. Usuário-mídia (Terra, 2011, p. 128): usuário ativo nas plataformas sociais digitais que produz, compartilha, dissemina conteúdos próprios, de seus pares e de outras fontes de informação, bem como os endossa perante sua audiência em sites de redes sociais, blogues, microblogues, fóruns de discussão *online*, sites de notícias, entre outros. Com profissionais autônomos, liberais e usuários comuns da rede, essa categoria vem crescendo muito com a *creator economy*. Diz Nahas (*apud* Zanatta, 2022):

Cada vez mais tenho acompanhado profissionais liberais que geram mais conteúdo, mais relevância e usam a força das redes para inovar e interagir diretamente com o público. São *lives*, *e-books* e pesquisas que acabam impactando milhares de pessoas com conteúdo relevante e gratuito de forma transparente. Isso gera um ganho de credibilidade.

7. Comunidades de marcas criadas tanto por organizações quanto por públicos de interesse.

8. Embaixadores de marca[9]: pessoas que gostam e/ou defendem uma organização ou seus produtos e serviços de maneira espontânea e deliberada nas mídias sociais. Existem outras definições acerca dessa figura (porém, em nosso ecossistema, estamos nos valendo do embaixador como um advogado da marca), como a da Cortex Intelligence (2022), que diz que

[...] um embaixador de marca [atua] como uma espécie de rosto para a empresa. Ou seja, uma pessoa com a qual compradores e parceiros de negócios se identificam, reforçando um posicionamento saudável que solidifica e mantém a boa reputação corporativa.

9. Programa de afiliados e parceiros: soluções encontradas pelas empresas para que mais indivíduos ou representantes possam comercializar seus produtos e serviços.

10. Jornalistas e imprensa/mídia: desde sempre mantêm sua relevância, importância e credibilidade perante a sociedade e a opinião pública de maneira geral.

---

9. Cabe aqui esclarecer que não entendemos o embaixador como o garoto-propaganda ou alguém contratado — financeiramente — para ser representante da marca. Nossa conceituação se assemelha à de advogado de marca, isto é, um sujeito que gosta, defende e promove a marca (ou seus produtos, serviços e afins) de maneira deliberada e espontânea.

11. Sites de reclamação, opinião e ranqueamento: recursos utilizados pelos usuários para expor insatisfações, opiniões e afins.

Em suma, a ideia do ecossistema ajuda a evidenciar que as oportunidades de exercer influência digital extrapolam a pura relação entre influenciadores, organizações e audiências, estendendo-se para o âmbito interno e outras possibilidades menos óbvias, como figuras que não gozam dos mesmos números e volumes de criadores convencionais de conteúdo. A Figura 6 resume esse cenário.

A partir de agora, falaremos sobre os influenciadores internos.

Figura 6 — Ecossistema da influência digital (2021)

Fonte: Terra (2021).

INFLUENCIADORES INTERNOS

Os influenciadores internos são os funcionários das organizações selecionados para integrar os times de divulgação da marca tanto interna quanto externamente. Segundo Santora (2021), uma tendência de marketing de influência para 2021 que se origina da demanda de conteúdo mais autêntico é que o desejo de ver conteúdo produzido por funcionários ou baseado em funcionários aumentará. Já sabemos que o conteúdo gerado pelo usuário pode ter um grande impacto nas vendas e em como as marcas são percebidas; só faz sentido que as marcas comecem a tratar os próprios funcionários como influenciadores por meio de programas de embaixadores internos.

Marchiori (2008, p. 227), que há muito estuda e pesquisa a cultura organizacional e seus impactos, afirma que a comunicação interna pensada por meio de seus ativos humanos pode ser motivo de êxito por parte de uma empresa:

O sucesso de uma empresa está, primeiramente, em sua instância interna, nas habilidades de comunicação de que ela dispõe, na conversa que ela trava com seu público [...]. O ser humano é o principal canal dos acontecimentos. Trabalhar bem esse canal é o segredo de tudo.

Almeida e Andrelo, ao citarem Estrella e Fernandez, ressaltam o papel de porta-vozes dos funcionários:

[...] Pode-se dizer que empregados são vistos pelo público em geral como porta-vozes das organizações. O público interno não é apenas mais um público com o qual ou para o qual a empresa fala, é ele também parte representativa desse discurso institucional, ou seja, o funcionário também é uma voz da empresa. (Estrella e Fernandez *apud* Almeida e Andrelo, 2022, p. 23)

Figura 7 — Dinâmica complexa do ecossistema de influência digital

Fonte: elaborada pela autora.

No relatório "Happy trends"[10] (2023, p. 33), a máxima é a de que não há melhor embaixador que o funcionário:

[...] Ele é, portanto, um agente de reputação, um agente de *employer branding* (marca empregadora). O que destaca hoje uma empresa da outra? As pessoas. Os seus talentos. Por isso, é estratégico mantê-los com você e conquistar, quando necessário, o interesse de outros que ainda estão no mercado. Como? Por meio de uma marca empregadora atrativa. E quem apoia isso? O seu colaborador.

Além disso, essa prática fortalece o relacionamento entre os funcionários e a empresa, dando a eles um papel ativo na construção da imagem corporativa e, em alguns casos, criando um canal de comunicação direta com os consumidores.

Esse fenômeno, que se beneficia da cultura de transparência e autenticidade digital, representa uma expansão do papel tradicional do funcionário, integrando-o ao marketing e à comunicação

---

10. Relatório que pontua os principais direcionamentos de comunicação interna para empresas, produzido pela consultoria de endomarketing Happy House, sediada no estado do Rio Grande do Sul.

da empresa. Em um mercado em que a confiança é essencial, ter funcionários influenciadores pode ser uma estratégia poderosa para fortalecer a imagem da marca.

Ao se referir aos funcionários do alto escalão, Gonsalves (2024) explica que a presença dos executivos nas redes colabora para que a organização se firme como marca empregadora e, portanto, atraia e retenha talentos: "Isso ocorre porque o CEO presente nas redes sociais assume uma função de mostrar os valores daquela companhia, o que é visto hoje como um diferencial para os trabalhadores, em especial aqueles de gerações mais jovens". Não estar nas redes é o equivalente à invisibilidade.

Os funcionários são, portanto, o primeiro exército de divulgação de uma marca e de contato com os consumidores. As audiências gostam de ver informações de bastidores, como funciona determinada organização, como é trabalhar ali, o que acontece dentro da organização, entre outras situações. De acordo com Criscuolo (2022),

se antes os influenciadores eram majoritariamente artistas e celebridades, agora os próprios colaboradores das empresas estão sendo vistos como tal. E vale dizer que não somente para ações institucionais ou campanhas de *employer branding*: a "galinha dos ovos de ouro" são as páginas pessoais dos colaboradores e o que eles postam no dia a dia.

Karhawi (*apud* Criscuolo, 2022) chama a atenção para o potencial dos influenciadores internos:

Quando a gente reconhece que a influência não depende do digital e que ela faz parte da nossa sociedade, percebemos também que dentro de instituições há sempre sujeitos influentes. O grande benefício é justamente pensar estratégias de comunicação em parceria com essas pessoas que já têm características de um influenciador e fazem parte da empresa, sem necessariamente ter que contratar alguém externo, por exemplo.

Cury (2016) considera que todos os sujeitos em uma organização são seres comunicantes, ou seja, o tempo todo, conscientes ou não, estão em comunicação. Para a autora, o profissional de comunicação na gestão dos processos midiáticos organizacionais ocupa, também, uma função comunicante, mas, além dele, todo indivíduo no contexto organizacional também é agente ativo e influente da comunicação.

Já segundo Karhawi (*apud* Criscuolo, 2022), "é o momento de testar a mistura de marketing de influência com *employer branding*, mas as empresas não podem esquecer que, se é trabalho, os colaboradores precisam ser remunerados ou bonificados por isso".

Formas de remuneração para funcionários influenciadores

1. Bonificações ou prêmios: a empresa pode oferecer bonificações ou prêmios para funcionários que promovem a marca nas redes sociais, desde que tais valores sejam caracterizados como prêmio e não como salário fixo. Essa prática é prevista pela CLT, sobretudo para incentivar comportamentos ou atingir metas específicas.
2. Comissões ou incentivos variáveis: algumas empresas adotam sistemas de remuneração variável, como comissões ou bônus baseados em desempenho extraordinário[11], que poderiam incluir métricas relacionadas ao engajamento ou ao alcance do conteúdo promovido pelo funcionário influenciador. Desde que isso seja acordado e documentado, é permitido pela CLT.

---

11. Desde que haja um regramento claro demonstrando desempenho extraordinário por parte do empregado.

DE FUNCIONÁRIOS A INFLUENCIADORES

3. Acordo de remuneração extra (ajuste contratual): se a função de influenciador interno implicar responsabilidades extras, é possível ajustar o contrato de trabalho para incluir essa nova atribuição, com um valor adicional de remuneração. Esse ajuste formalizado no contrato pode incluir uma cláusula que define as novas tarefas e a remuneração adicional.

Considerações legais e CLT

A legislação brasileira permite que o empregador ajuste a remuneração conforme a atribuição de novas tarefas, desde que haja transparência, registro e concordância do empregado. No entanto, é fundamental que:

- a remuneração adicional seja registrada corretamente para evitar que ela seja considerada parte do salário-base e que, consequentemente, impacte o cálculo de benefícios como FGTS, 13º salário e férias;
- as atividades de divulgação e influência não gerem uma sobrecarga de trabalho, respeitando o limite de horas diárias e o descanso semanal. A inclusão de atividades de influenciador não pode comprometer a jornada máxima permitida pela CLT, ou a empresa deve considerar horas extras.

Cuidados com direitos de imagem e privacidade

Além disso, é importante que haja um acordo claro sobre o uso da imagem do funcionário, pois a empresa deve respeitar os direitos de imagem e privacidade previstos no Código Civil Brasileiro e na Lei Geral de Proteção de Dados (LGPD). O funcionário deve consentir formalmente com o uso de sua imagem em ações de influência, e as condições desse uso devem ser acordadas previamente para evitar problemas legais.

A influência dos funcionários já vem sendo tratada como competência necessária pelo mercado. Segundo o relatório "Happy trends" (2023, p. 39), o funcionário que cria conteúdo em sua rede social falando da empresa acaba por se tornar um representante — tanto positivo quanto negativo:

> Empresas como Itaú perceberam esse movimento e fornecem letramento das redes sociais para seus colaboradores para que usem seus canais de forma correta e, assim, potencializem seu trabalho. Mais do que formar influenciadores para fortalecer sua marca empregadora, as empresas estão começando a entender a influência como uma *soft skill* importante para formação de líderes.

Ao tratar do uso de bancos de imagens pelas organizações, Kiso (2024) detectou que as audiências esperam ver pessoas reais refletidas nas publicações, conforme observamos na Figura 8 (p. 49). Destacam-se conteúdos que trazem funcionários das marcas e clientes, mas também empregados corporativos e até executivos.

A companhia aérea de origem holandesa KLM (2021) escolheu quatro de seus trabalhadores para serem representantes da empresa em seu perfil de mídias sociais. A ideia era usar os quatro funcionários, de diferentes setores da companhia, como porta-vozes da marca no perfil oficial de Instagram, mas também eles próprios deveriam produzir conteúdo em seus perfis pessoais, ajudando a reverberar a empresa para as suas redes de contato.

Na Unilever (Scorce, 2022), os funcionários são tratados como embaixadores, ou *U-Fluencers*, e usam o LinkedIn como principal canal para falar de temas relacionados às suas áreas de atuação e propósitos. Suas postagens — que tentam mostrar a relevância da empresa e divulgar produtos e competências

Figura 8 — Quem os consumidores querem ver nos conteúdos das marcas?

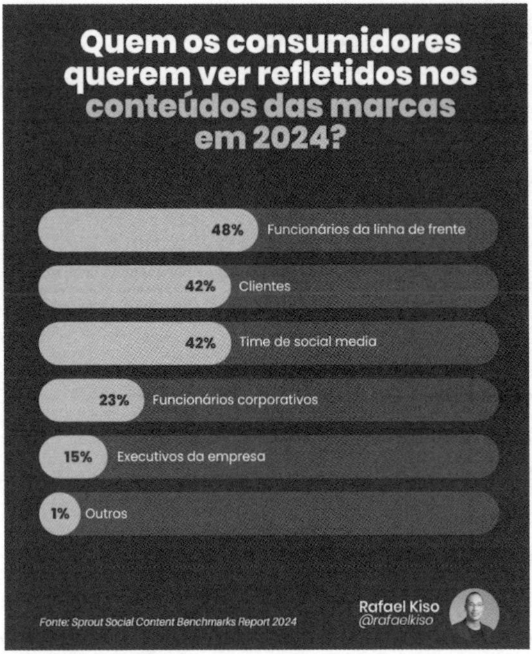

Fonte: Instagram @rkiso (2024).

— incluem temas como equidade, diversidade e inclusão, e vão até a transformação digital e a privacidade de dados.

Já a empresa alimentícia Pepsico (Andrade, 2021) tem um programa chamado *Pepfluencers*, em que funcionários pré--selecionados e treinados organizam eventos, recebem informações e produtos em primeira mão e difundem fatos sobre a companhia em suas redes sociais pessoais.

O banco Itaú é uma empresa que investe na capacitação dos seus influenciadores internos, os chamados *iTubers*. Além de um treinamento específico para serem porta-vozes da empresa, os funcionários influenciadores fazem cobertura de eventos internos e externos para a marca.

Figura 9 — Ação voltada para os iTubers

Fonte: Instagram @iTubers (2024).

A empresa Alpargatas também tem seu time de influenciadores internos na rede social LinkedIn, os chamados *Alpa Creators*. Segundo o site da companhia:

O *Alpa Creators* é uma comunidade de influenciadores formada pelas nossas pessoas com o intuito de divulgar as notícias relacionadas a Alpargatas no LinkedIn. Nosso objetivo é amplificar nossos temas na rede para que cada vez mais pessoas conheçam as novidades da empresa que é formada de pessoas apaixonadas por fazer acontecer. O melhor é que os nossos *Alpa Creators* ainda ganham prêmios no final de cada ciclo de três meses.

Outra empresa que cultiva funcionários influenciadores é a Vivo, com o seu *Vivo Creator*. O programa conta com funcionários no papel de influenciadores tanto internos como externos, "ajudando a propagar mensagens da empresa em seus próprios perfis nas redes sociais, sob a ótica de quem trabalha na empresa, com o objetivo de reconhecer pessoas que naturalmente são influenciadoras e ampliar vozes diversas" (Propmark, 2024). A escolha dos influenciadores aconteceu por meio de um processo seletivo interno, que avaliou critérios como comunicação, curiosidade e criatividade, além da avaliação dos perfis nas redes sociais dos candidatos. De 169 inscritos, dez profissionais foram selecionados para se juntar ao time de outros 30 *Vivo Creators* internos.

O ideal é que as organizações tenham programas estruturados e sistematizados (com capacitações, treinamentos, materiais, políticas) para que isso ocorra, reconhecendo e, se possível, até remunerando o funcionário que ajuda a dar ainda mais visibilidade à companhia.

Sobre o público interno, Rocha (2021b, p. 29), sinaliza:

> [...] ninguém melhor que as pessoas que trabalham na empresa, independentemente da posição, para serem reflexos de seus valores, na prática. Com isso, esse público interno constrói a principal imagem que se possa ter do negócio, já que sabe, de fato, tudo que acontece e pode refletir, também nas redes sociais, essa junção de cultura e de propósito.

Outra possibilidade de uso dos funcionários reside na liderança. Alguns gestores usam seus perfis de mídias sociais, sobretudo do LinkedIn[12], para disseminar projetos, ações, números e campanhas das marcas que representam.

---

12. A plataforma LinkedIn é por excelência a rede social com vocação profissional. No Brasil, em 2024, foram 68 milhões de usuários, sendo o terceiro maior país na empresa nessa métrica (Kiso, 2024).

A alta gestão de uma organização faz parte do público interno e pode figurar como influenciadora interna. A seguir, trataremos dessa camada como potencial agente influenciador digital.

C-LEVEL INFLUENCER

Líderes que não escutam vão acabar rodeados de
pessoas que não têm nada a dizer.
— Andy Stanley

As lideranças são, definitivamente, parte do cenário comunicativo de suas organizações e acabam por acumular uma função adicional aos processos financeiros e de gestão: ser porta-vozes das marcas que representam e fontes de referência e influência para o público interno, para a mídia, para a opinião pública e, mais recentemente, para os seguidores nas plataformas sociais digitais.

O estudo "Líderes de negócio e marketing de influência" (Cândido, 2024a), apresentado no CMO Summit 2024 por Fabrício Fudissaku, CEO da Data-Makers, revelou que 42% das lideranças entrevistadas atribuem ao marketing de influência o rótulo "extremamente relevante". No entanto, apenas metade daquele índice (21% dos executivos) afirmou ter conhecimento profundo do tema. Outro dado trazido pelo estudo é que apenas 30% dos líderes avaliam a própria atuação de forma positiva.

Ou seja, evidencia-se uma oportunidade para que a alta gestão encare a presença digital de maneira mais contundente, frequente e como uma atribuição extra em seu já extenso escopo de trabalho.

Tourinho (2019, p. 43) reforça a necessidade contemporânea de que figuras públicas cuidem da própria imagem, incluindo as figuras líderes em seus campos de atuação:

[...] Algumas pessoas que já eram públicas se fortaleceram ao entender como usar as plataformas em benefício próprio, para impor suas narrativas. Isso inclui desde a estrela do cinema ou da música até o presidente que divulga cada passo que dá primeiro no Twitter e só depois nos canais oficiais, ou o jogador de futebol que cuida mais da imagem do que da performance. No fim, sabemos que, se não há gol, nada disso adianta, mas compreendemos também que o jogador que faz gols e ao mesmo tempo cuida da própria imagem ganha mais.

Cardoso (2021, p. 25), ao sustentar a relevância da habilidade comunicativa de um CEO, revela: "Credibilidade, magia, encantamento, inspiração, satisfação, confiança e respeito são cada vez menos dispensáveis aos líderes de mercado. E a comunicação está no cerne da criação e sustentação desses atributos".

Craig Mullaney (2022, p. 2), sócio da empresa Brunswick Group, responsável pela pesquisa "Connected leadership", é taxativo: "A liderança autêntica e acessível nunca foi tão importante. Ser um líder conectado é muito mais do que ser ativo *online* — e crítico para acertar". O estudo ainda destaca os seguintes pontos:

1. Os públicos de interesse esperam uma liderança conectada: as mídias sociais são mais do que ferramentas de comunicação, tornando-se necessidade para responder ao imediatismo dos tempos atuais (*ibidem*, p. 4).

2. Liderança conectada é a chave para o engajamento dos funcionários: de forma a serem mais acessíveis ao público interno, para retê-los, gerar aproximação e até mesmo recrutar os melhores talentos (*ibidem*, p. 6).

3. Liderança conectada é uma vantagem competitiva *on* e *offline*: a mídia social pode complementar e reforçar as atividades fora da rede (*ibidem*, p. 13); 82% dos empregados vão pesquisar a

presença do CEO *online* quando estiverem considerando se juntar à empresa (*ibidem*, p. 10).

4. A liderança conectada autêntica gera confiança e pode ser a chave para promover relacionamentos *online*. O público não seguirá alguém em quem não confia. E não pode confiar em alguém que não conhece (*ibidem*, p. 16).

5. A eficaz liderança conectada requer estratégia, ação orientada por dados e toca todos os aspectos do negócio (*ibidem*, p. 20).

Por fim, o relatório conclui:

Liderança conectada não é apenas esperada — é um imperativo de negócios. Líderes conectados estão mais bem posicionados para navegar na paisagem em rápida evolução, construir resiliência e acelerar seus objetivos de negócios. Aparecer já não é suficiente. Estratégias eficazes implantadas em equipes de liderança e enraizadas na autenticidade são necessárias para realizar todo o potencial de liderança conectada. (Mullaney, 2022, p. 24)

O mesmo estudo aplicado ao Brasil (Brunswick Group, 2021, p. 2) questionou os benefícios práticos de se ter um CEO conectado, conforme apresentamos na Figura 10 (p. 55): 56% afirmam tornar os líderes mais acessíveis; 50% dizem ser mais fácil se comunicar com eles; 50% apontam que ajuda a manter as equipes conectadas; 47% destacam a maior transparência no trabalho destes; 44% reforçam que fornecem informações atualizadas aos colaboradores (Figura 10, p. 55).

O relatório (*ibidem*, p. 1) ainda destacou que as lideranças brasileiras devem se comunicar com as pessoas onde elas estão e que o uso das mídias sociais no país é alto (93% dos funcionários e 97% dos leitores de finanças usam as mídias sociais para trabalho ou lazer); portanto, sua presença digital faz sentido.

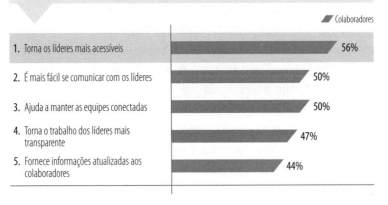

Figura 10 — Benefícios práticos que levam à preferência do empregado por líderes conectados

Fonte: Brunswick Group, 2021, p. 2.

Outro dado que comprova isso é que as mídias sociais são a chave para a construção e sustentação da confiança: o fato de usar ferramentas digitais traz mais confiabilidade ao CEO (84% dos funcionários e 89% dos leitores de finanças confiam mais em líderes que utilizam ferramentas digitais — até 23 pontos a mais do que seus colegas globais). Outro achado diz respeito à vantagem competitiva para recrutar e reter talentos: nove em dez empregados preferem trabalhar para um CEO que utiliza mídias digitais. Isso os faz mais acessíveis, mais transparentes, mais fáceis de se comunicar e mais capazes de manter as equipes conectadas. Por fim, a versão nacional da pesquisa afirma que líderes conectados estão mais bem preparados para uma crise (98% dos funcionários e leitores de finanças no Brasil dizem que é importante que os CEOs respondam a uma crise por meio das mídias sociais).

Ao se referir aos líderes que também representam a si próprios e às marcas das quais são embaixadores, Gonsalves (2024) diz: "Mais do que uma plataforma para impulsionar a própria imagem, os líderes marcam presença nas redes aproveitando sua visibilidade para catapultar pautas e valores que eles avaliam importantes, para além das questões do negócio".

No reporte "Happy trends" (2023, p. 42), o fato de o CEO estar mais presente nas redes sociais como porta-voz da empresa já não é mais tendência. Exige-se que seja feito de maneira profissional, mais pessoal, com interação da figura do líder, trazendo verdade e mais realidade. Ainda que o perfil seja feito por uma agência ou um *ghost writer*[13], esses não serão apenas produtores de conteúdo, como afirma o relatório, mas "gerentes dessa carreira de *creator* do CEO".

Devido ao fato de um executivo de alta gestão ter várias responsabilidades e atribuições que vão além da visibilidade midiática e da comunicação dialógica nas redes, muitos optam por ter pessoas para conduzir seus perfis: "Muitas vezes, é a equipe de comunicação quem faz a gestão da conta, organiza as páginas e cria um cronograma dos conteúdos" (Gonsales, 2024).

Estudo feito pela InPress Porter Novelli (2022) e intitulado "Como os CEOs se posicionam nas redes sociais e os impactos nos negócios" registrou que posicionamento é a chave para a liderança nas mídias digitais. Entre os entrevistados pela pesquisa, 39% responderam que os CEOs deveriam falar sobre ações internas, processos seletivos e benefícios para funcionários; outros 39% apontaram a necessidade de se falar sobre diversidade e inclusão; 37% queriam saber o que um líder desse porte pensa a respeito de economia; 31% declararam que eles deveriam abordar todos os temas; 24% sentiam que os líderes poderiam falar

---

13. Em tradução literal, significa "escritor-fantasma". No mercado, tal figura é um redator pago para escrever em nome de outra pessoa.

sobre como andam os negócios; 17% apontaram política como assunto de interesse; 12% queriam saber de temas pessoais e do dia a dia dos executivos; 3% falaram em outros temas (p. 9).

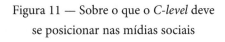
Figura 11 — Sobre o que o *C-level* deve se posicionar nas mídias sociais

Fonte: InPress Porter Novelli (2022).

Alguns estudos, como uma pesquisa da Hootsuite mencionada por Gonçalves (2002), mostram que empresas com líderes ativos *online* têm uma percepção 23% mais positiva do que aquelas sem essa presença. Além disso, três de quatro consumidores consideram marcas com CEOs "influenciadores" mais confiáveis. Scorce (2022) reforça essa ideia ao afirmar que "[...] pessoas comunicam melhor do que CNPJ".

A mesma pesquisa da Hootsuite aponta que 21% da população global tende a comprar algo de uma empresa cujo gestor seja ativo nas plataformas digitais. A presença desse CEO ou CMO[14]

---

14. Sigla de *chief marketing officer*, o cargo mais alto na área de marketing, equivalente a uma vice-presidência ou diretoria.

nas redes seria uma espécie de selo autenticador dos valores da marca (Scorce, 2022).

Embora não seja um requisito para o CEO ou CMO ter perfil atuante nas plataformas sociais da empresa na qual trabalha, é fato que a comunicação por meio do perfil pessoal desse executivo, que fala em nome da marca, é tendência tanto quanto é o consumidor usar redes sociais para comprar e avaliar marcas.

De acordo com Rocha (2021a, p. 24), no passado os porta-vozes e embaixadores representavam oficialmente a empresa. Hoje, isso está mais nebuloso. Mesmo quem não é porta-voz vai para as redes e se posiciona, causando uma impressão nas audiências, e as pessoas percebem como "[...] uma intersecção" (uma mistura entre o pensamento pessoal do indivíduo e a opinião da organização).

Outra questão gira em torno das motivações dos executivos. Muitos estão nas redes porque querem, gostam da empresa e desejam fazer parte da marca. Isso os torna mais influentes e é uma relação ganha-ganha para eles e para as marcas que representam (Rocha, 2021a, p. 24).

Segundo Leandro Herculano (*apud* Gonsalves, 2024), dono de uma empresa que gerencia perfis de executivos nas mídias sociais, "a principal função de um CEO é divulgar os valores da empresa, e por que não fazer isso através das redes sociais?"

Assim, é possível afirmar que há uma relevância do CEO e/ou da alta gestão das organizações no papel de lideranças comunicativas que exploram as plataformas de mídias sociais como ferramentas de exposição não só para si, mas para as organizações que representam, além de obter visibilidade, influência e autoridade. Também interessa analisar posturas, formatos e características dos líderes digitais e influentes para se propor um conjunto de possibilidades práticas para a futura construção de outros gestores no ambiente das plataformas sociais e digitais da rede.

Bogéa (*apud* Gonçalves, 2022) chama o movimento dos CEO influenciadores de "humanização da empresa", além de auxiliar no fortalecimento da sua marca pessoal nas mídias e aumentar a própria visibilidade no mercado. Já Arcuri (2022) fala em "personificação das marcas".

O diretor operacional do LinkedIn, Dan Shapero (*apud* Criddle, 2024) classifica os executivos como extensões da marca empresarial e diz que a sua presença nas redes é uma maneira de "[...] construir conexões e confiança com públicos com os quais se importam".

Segundo Ana Julião, gerente geral da Edelman Brasil, a sociedade observa (e muitas vezes cobra) posicionamentos públicos dos executivos sobre questões que vão além dos negócios e do território de atuação da marca. Ela exemplifica mencionando os executivos que atuam nas áreas de marketing das empresas:

> Os CMOs, sendo responsáveis e guardiões da marca corporativa ou de varejo, têm um papel fundamental de cuidar dessa relação do indivíduo com a marca, da mesma forma como ele empresta credibilidade para a marca e vice-versa, num mundo muito fluido. (Julião *in* Rocha, 2021a, p. 25)

Em tempos de hiperconectividade, em que as pessoas cobram posições dos executivos, não ter uma presença definida pode depor contra sua reputação (Rocha, 2021a, p. 25). Outra desvantagem reside no *fomo* (*fear of missing out*, ou medo de ficar de fora, em tradução livre). Para Nahas (*apud* Zanatta, 2022), não estar no ambiente das mídias sociais também pode representar perda de popularidade. Por outro lado, o excesso de exposição pode ser nocivo à imagem da pessoa.

Nassar (2022) sinaliza que, em situações de impermanência como as que vivemos, as plataformas digitais permitiram a reunião das lideranças com seus subordinados, até por questões de sobrevivência do negócio:

Em tempo de incerteza, riscos, medo e luto, as fogueiras eletrônicas ativadas em todos os tipos de telas e plataformas digitais tiveram o poder de reunir as altas direções e gerências com dezenas, centenas, milhares de empregados, em torno da viabilização de objetivos de negócios, mas também para ressignificações de festas, de marcos e das perdas materiais e humanas.

Executivos da alta gestão conectados representam ganhos para a marca empregadora e para os negócios. É o que atesta a pesquisa "Connected leadership", da Brunswick (2019), que demonstrou: nove em dez entrevistados citam a importância da comunicação em mídias sociais pelo CEO em momentos de crise, e 60% dos empregados consideram trabalhar em uma companhia cujo CEO tenha conta nas mídias sociais.

O estudo "Edelman Trust Barometer", publicado nos anos de 2021 a 2024, mensurou o índice de confiança dos brasileiros nas empresas, número esse que ficou à frente de instituições como mídia, governo e ONGs. Nesse sentido, a principal ou as principais figuras da alta gestão das organizações passam a ter papéis de "peso", de influência e relevância também fora do âmbito organizacional a que pertencem. Aquilo que dizem, recomendam e praticam é capaz de reverberar entre seus consumidores, públicos de interesse, imprensa, investidores etc.

Segundo Rocha (2021a), os CMOs, a exemplo dos CEOs, têm se tornado marcas de suas empresas. Desempenhando um papel midiático nas plataformas de mídias sociais, funcionam como canais de comunicação e como porta-vozes das companhias. Para a autora (idem), o LinkedIn é a rede profissional por excelência em que os executivos "vestem a camisa da empresa, às vezes, num grau jamais visto, como João Branco, ex-CMO do McDonald's". O próprio Branco chama o modelo de *Personality PR* (PPR), algo como estratégia de relações públicas personalizada para a sua própria figura: como aparecer e se relacionar com as suas audiências de interesse — nesse caso, na ambiência das mídias sociais. Para Lemos (2021),

[...] a fala pública dos executivos de marketing ajuda as empresas a responderem ao desafio de avançarem na digitalização, mas com um toque humanizado. Também aponta como estabelecer limites aos mais midiáticos, alternativas aos mais retraídos e detalha o trabalho de agências especializadas em *Personality PR*, que podem ajudar a encontrar o tom e a frequência ideais, o discurso mais adequado para as diferentes redes sociais, os métodos de entendimento dos algoritmos para aumentar o engajamento das pessoas e até mesmo dar aconselhamento visual.

As interações entre CMOs e público podem se transformar em fonte de *insights* para as marcas. As pessoas dão sugestões em relação a produtos, serviços, campanhas, e isso pode ser base para novas ideias dentro das empresas. Para Rocha (2021b, p. 30), "gerenciar a própria imagem, assim como a da empresa na internet, significa também modular o grau e o tipo de interações que se estabelecem por lá".

Em um post se referindo a uma matéria do *Estadão*, o *hub* de influência Youpix (Instayoupix, 2022) alertou:

Não é difícil encontrar perfis profissionais por aqui. Tá todo mundo criando conteúdo ou pensando em começar a criar. E tá tudo bem, mas e quem não curte muito a ideia? Será que é isso mesmo que devemos fazer para nos dar bem na nossa profissão? No futuro do trabalho, as redes sociais serão o novo currículo?

Por aqui chamamos de LinkedInzação de todas as redes. Será que pra conseguir clientes e/ou empregos vamos precisar "fazer dancinhas" nas redes? E quem não começar vai ficar pra trás?

A provocação é pertinente, pois implica as áreas da comunicação, dos gestores, dos profissionais e de todos os que vivem o mundo do trabalho contemporâneo. Fato é que, no cenário contemporâneo, a autoexposição e a visibilidade se convertem em valor (França, 2014).

A autora chama o contexto de "expressivismo compulsivo" e "virose narcisista", em que todos querem se mostrar, falar de si, falar (*ibidem*, p. 31). E completa: "[…] É preciso se mostrar, é preciso 'ser' publicamente" (idem).

Por outro lado, como destaca Tourinho (2019, p. 91), cuidar da própria presença e da imagem nas redes é fator importante nos tempos hiperconectados que vivemos:

> […] Num mundo em que cada pessoa tem seu próprio *Jornal Nacional* e o poder muito maior do que o de um megafone, precisamos mudar nossa mentalidade sobre como nos posicionamos. Você tem uma imagem pública a despeito de cuidar dela ou não, é uma condição do nosso tempo.

Seguindo outra linha, Evelle (2024) não considera os executivos influenciadores. Embora estes se utilizem de ferramentas de comunicação similares às dos influenciadores, o propósito seria distinto: "A atuação de um influenciador é pautada na criação de engajamento e, muitas vezes, em parcerias comerciais. Já o papel de um CEO nessas plataformas é liderar discussões importantes e criar alinhamento com a visão e missão da empresa". Evelle ainda ressalta que o papel de um líder desse nível seria o de "[…] inspirar, educar e conectar, muito mais do que apenas divulgar sua marca pessoal".

A seguir, destacamos alguns executivos, em ordem alfabética, considerados influenciadores nas mídias sociais. Trata-se de uma amostragem intencional, escolhida pela autora, para ilustrar a presença *online* de alguns líderes associados à temática aqui desenvolvida.

ALÊ COSTA, CEO DA CACAU SHOW

Está no Facebook, Instagram, LinkedIn, TikTok e no X. É fundador da marca, funciona como canal de apoio às campanhas promocionais e produz conteúdo autoral nas plataformas em que está presente. Conta com visibilidade adicional advinda de sua participação no programa de TV *Masterchef*.

Interage com seus seguidores, responde a perguntas e comentários e compartilha conteúdos motivacionais e inspiradores. Também é figura presente em diversas campanhas da Cacau Show, como a campanha de Dia dos Namorados de 2024, na qual aparece ao lado de sua esposa, Isabella Costa. Ele também participa de ações promocionais e eventos da marca, como a distribuição de ovos de Páscoa gigantes em diversas cidades brasileiras. É visto como um líder acessível e carismático, que se preocupa com seus funcionários e clientes. Pode-se dizer que Alê Costa se consolida como um dos empresários mais influentes do Brasil, e sua atuação nas redes sociais contribui para fortalecer a imagem da Cacau Show como uma marca inovadora e conectada com seus consumidores.

CAITO MAIA, FUNDADOR DA CHILLIBEANS E DAS ÓTICAS CHILLIBEANS

O fundador da marca de óculos ChilliBeans e das Óticas Chilli-Beans, Caito Maia, também cultiva sua imagem nas redes. Tem perfis em diferentes plataformas, porém com destaque para o Instagram e para o LinkedIn. Faz postagens com linguagem jovem e informal e muito conectadas às marcas que preside. Aproveita para falar de negócios, construção de marca, dicas de empreendedorismo, eventos que frequenta, programas dos quais faz parte (como *Shark Tank Brasil*, no canal Sony, e *Se parar o sangue esfria*, na 89FM, a Rádio Rock). Com os programas dos quais participa, ainda gera conteúdos em seus perfis e material exclusivo para as mídias sociais de ambos. Funciona, também, como um influenciador interno ao representar, tanto interna quanto externamente, a sua empresa.

CRISTINA JUNQUEIRA, VP E COFUNDADORA DO NUBANK

Cristina Junqueira é uma figura proeminente no cenário empresarial brasileiro, conhecida por sua atuação como vice-presidente do Nubank, um dos maiores bancos digitais da América Latina. Além de seu papel na liderança da empresa, Junqueira também marca presença nas redes sociais, onde compartilha sua visão sobre negócios, tecnologia e inovação, além de defender causas como a igualdade de gênero.

Cristina Junqueira utiliza redes sociais como LinkedIn e Instagram para se conectar com o público, bem como compartilhar suas experiências e opiniões sobre diversos temas. Publica artigos, entrevistas e conteúdos relacionados ao Nubank, ao mercado financeiro e ao empreendedorismo. É uma defensora ativa da igualdade de gênero e da inclusão no mercado de trabalho. Ela participa de eventos e iniciativas que promovem a diversidade e o empoderamento feminino, além de compartilhar conteúdos acerca da conciliação entre carreira e maternidade em suas redes sociais.

JOÃO BRANCO, EX-CMO DO MCDONALD'S

Está no LinkedIn, X e Instagram. O executivo (Branco *apud* Rocha, 2021a, p. 25) sinalizava, quando era do alto escalão da empresa: "Meus conteúdos todos são feitos não apenas para construir a marca McDonald's, mas para compartilhar o ponto de vista de um executivo de marketing da Arcos Dourados sobre o que está acontecendo no mundo". Sua presença digital, à época como líder de marketing da marca:

- não dispunha de uma estrutura para produzir o conteúdo;
- era voluntária e espontânea, por se identificar com a marca;
- precisou compreender o algoritmo e o funcionamento da rede para melhor aproveitamento;
- consultava a assessoria de imprensa e outros terceiros quando necessário.

Branco falava de sua carreira, de sua posição como responsável pelo marketing do McDonald's no Brasil, e trazia sempre informações em primeira mão sobre campanhas e ações relacionadas à empresa. Era um dos líderes mais ativos nas mídias sociais e expressava livremente seu amor pela empresa da qual fazia parte. Em dezembro de 2022, anunciou a sua saída da companhia e passou a investir em sua carreira como palestrante, autor, *host* de *podcast,* mentor e consultor, sobretudo na área de marketing.

KARLA FELMANAS, VP DE MARKETING DA CIMED

A vice-presidente de marketing da farmacêutica Cimed usa de sua espontaneidade e capacidade de utilização das mídias sociais para promover os produtos da empresa, especialmente a Carmed, uma linha de hidratantes labiais famosa por suas parcerias com outras marcas (como Fini, por exemplo) e com influenciadores e artistas (Ana Castela). A executiva tem tanta visibilidade e repercussão em seus perfis de mídias sociais que até lançou um Carmed com o bordão que costuma usar, o "Oi, Tchurma".

Figura 12 — Carmed Oi, Tchurma

Fonte: Instagram @Karlacimed.

Por sua alta visibilidade, foi convidada a realizar uma postagem em colaboração com o Burger King e uma "públi" para a marca Heineken.

A família Felmanas é bastante midiática, no sentido de exposição de sua vida pessoal e profissional nas redes sociais. Entre os seus expoentes estão, além de Karla, seus filhos Eduardo Felmanas, Juliana Marques Felmanas, Pedro Felmanas e o irmão da VP e CEO da empresa, João Adibe Marques. O presidente da farmacêutica faz aparições constantes em programas de televisão e teve até uma participação na novela "Fuzuê" (Exame, 2023), da TV Globo, para promover a marca de vitaminas Lavitan.

LUIZA TRAJANO, PRESIDENTE DO CONSELHO
DE ADMINISTRAÇÃO DO MAGAZINE LUIZA

Está no LinkedIn, X, Instagram e no YouTube. Trajano foi, em 2020, uma das *top voices* do LinkedIn, o que significa que foi uma das influenciadoras escolhidas pela plataforma para falar de temas de sua área de conhecimento e interesse. Também tem um canal no YouTube com episódios sobre carreira, empreendedorismo e empoderamento feminino, entre outros temas. Ao falar de tais assuntos em suas redes, promove o Magazine Luiza, emprestando sua credibilidade e seu prestígio à organização da qual é também presidente do conselho de administração.

Luiza Helena utiliza suas redes sociais para divulgar ações e novidades do Magazine Luiza, fortalecendo a imagem da marca e transmitindo os valores da empresa.

STELLEO TOLDA, EX-CEO E HOJE MEMBRO DO
CONSELHO DE ADMINISTRAÇÃO DO MERCADO LIVRE

O CEO da plataforma de comércio eletrônico celebrou a entrada no programa de influenciadores da plataforma LinkedIn e no ranking dos dez presidentes mais seguidos por ali em 2022:

> Sou usuário desta rede há muitos anos, mas nos últimos tempos tenho postado mais por aqui e acompanhei a plataforma se tornar cada vez mais relevante como ferramenta de *networking* e negócios. O diálogo livre que construímos neste espaço tem rendido frutos. Nesta semana, fui convidado pelo LinkedIn para participar do Programa de *Influencers*, e ontem uma matéria do *Valor Econômico* mostrou que estou entre os dez CEOs mais seguidos.

No LinkedIn, Stelleo se autointitulava embaixador da marca, falando sobre as conquistas do Mercado Livre, números e avanços, mas também se dedicando a projetos de capacitação e questões ligadas à diversidade, entre outros temas. A grande visibilidade da empresa chama a atenção para o seu líder e vice--versa. Trata-se de um processo de ganha-ganha em termos de visibilidade, exposição, construção de marca e de relacionamentos.

No entanto, a visibilidade pode ser uma faca de dois gumes, isto é, atrair a atenção para o que é positivo ou para o que pode ser polêmico, crítico ou negativo. Um episódio envolvendo o CEO da companhia aérea (Redação Época Negócios, 2023) Air Asia fez que ele ficasse no centro das atenções, dos comentários e da imprensa, o que aconteceu após ter postado uma foto sem camisa em seu perfil do LinkedIn. O contexto da imagem era uma viagem do executivo à Indonésia — cuja duração foi de 18 horas — e sua chegada já com compromissos profissionais. Na ocasião, ele participava de uma videoconferência e estava recebendo uma massagem, daí a explicação para ter tirado a camisa. A situação gerou constrangimento tanto para ele quanto para a sua audiência no LinkedIn, incorrendo na remoção do post.

Acreditamos que ter lideranças produtoras de conteúdo e que cultivam relacionamento em torno da organização ajuda na construção e/ou manutenção de uma boa reputação. Rosa (2006, p. 178) explica que "construir uma reputação é projetar uma imagem. E se a imagem crescentemente se converte numa demonstração de poder, zelar por sua reputação é zelar pelo seu espaço de poder". Os impactos relacionais gerados pela consequência das conexões estabelecidas pelos líderes envolvidos com as audiências também ajudam no processo de formação de boa imagem e reputação.

Também vale mencionarmos a relevância de se ter o funcionário em defesa da própria organização. Terra (2021, p. 106-107) sinalizou a importância de que o funcionário esteja conectado, a exemplo do que vimos com os líderes anteriores:

É inegável o poder dos funcionários conectados. Aproveitá-los em iniciativas de comunicação interna que reverberem externamente é uma tática para que a organização seja vista sob a ótica de um indivíduo influenciador interno. É o empregado sendo utilizado como protagonista não só de campanhas de comunicação e marketing, mas também como porta-voz das organizações no ambiente digital, por exemplo.

Para a autora, esses funcionários podem funcionar "como alternativas para influenciar e chamar a atenção para os negócios" (Terra, 2021, p. 52).

Segundo um estudo realizado pelo MSL Group (Youpix, 2023), o conteúdo postado por funcionários de uma empresa tem 24 vezes mais compartilhamentos e 561% mais alcance do que aquele postado nos canais oficiais da companhia. Os programas de influenciadores internos necessitam de "[...] um programa sólido de capacitação, desenvolvido com uma metodologia criada especificamente pra isso" (idem).

Além de visibilidade e exposição nas mídias sociais, acreditamos que as lideranças influenciadoras digitais contribuam para a construção de marcas sólidas, transparentes, com "rosto" e sem medo de questionamentos, uma vez que estão ali, no ambiente digital, aptos para responder as mais diversas questões. Seria mais uma atribuição à já tão extensa lista de qualidades de um líder? Acreditamos que, cada vez mais, sim.

O CEO COMO CANAL DE COMUNICAÇÃO

A comunicação organizacional desempenha papel fundamental no alinhamento e na produtividade das empresas, mas muitos líderes ainda não compreendem plenamente sua responsabilidade nesse processo. Em vez de enxergarem a comunicação como uma competência essencial à liderança, muitos acreditam que essa função cabe exclusivamente à área de comunicação, o que pode resultar em desalinhamento, falta de engajamento e outros desafios. No entanto, à medida que os líderes passam a se reconhecer como agentes ativos da comunicação interna e externa, eles influenciam diretamente a cultura organizacional, o desempenho das equipes e até mesmo a forma como os negócios são conduzidos. O tópico a seguir explora essa transformação e destaca a importância de desenvolver as habilidades comunicacionais dos gestores para fortalecer a comunicação estratégica dentro das empresas.

Medeiros (2022) sinaliza que muitas lideranças ainda não entenderam que têm um papel comunicacional:

> Com uma visão distorcida, inúmeros líderes ainda entendem que precisam apresentar apenas competências técnicas relativas às suas funções, mas que cabe exclusivamente à área de comunicação as responsabilidades da comunicação organizacional.
>
> Como resultado, faltam alinhamento, diálogo, produtividade, motivação, enquanto sobram retrabalho, estresse, ansiedade e falta de engajamento. É preciso não apenas conscientizar a liderança quanto ao seu papel na comunicação com empregados, mas também promover o autoconhecimento desses líderes sobre suas habilidades comunicacionais e desenvolvê-las. Está nessa frente outra responsabilidade nossa que tem total relação com a comunicação estratégica e também humana requerida em nossa era.

Para Pimenta (2022),

> a liderança, sem dúvida, é um dos canais mais importantes nas organizações. A conduta de um líder é modelo para sua equipe

e, até mesmo, para outras áreas. Uma empresa pode ter ótimos propósitos, os valores solidificados ou a melhor proposta de valor ao empregado (EVP); porém, sem o apoio e a atuação direta da liderança, nada disso se desenvolve e é internalizado ou vivenciado pelos demais colaboradores.

Pimenta também sinaliza que em áreas mais operacionais, quando questionam os funcionários por quais canais desejam ser informados, a resposta principal, quase sempre, é: pelo meu gestor imediato. E completa:

> Além disso, é preciso que mais líderes também se vejam como um canal de comunicação. Em uma pesquisa realizada com 2.200 médios gestores, 66% dos participantes apontam a si mesmos como a principal fonte de informação da sua organização para as equipes. Esse ainda pode representar um indicador relativamente baixo, mas que com grandes esforços es estratégicos, a cada ano, caminha a passos largos para se consolidar cada vez mais. (Pimenta, 2022)

Quando os líderes entendem que são parte da engrenagem de comunicação de suas organizações, seja no âmbito interno ou externo, e passam a se encarar como veículos de mídia, podemos dizer que mudam (Foremsky, 2010):

- a forma como se recrutam pessoas, podendo-se usar, inclusive, suas próprias redes sociais;
- a forma como se dá suporte ao cliente;
- a forma como se comercializam/anunciam produtos e serviços;
- a forma como se desenvolvem produtos e serviços;
- a infraestrutura de TI, que tipo de computadores e *software* são necessários;
- processos de negócios inteiros e como são executados;

- o conjunto de habilidades internas de uma empresa e os tipos de pessoa que ela precisa empregar ou treinar;
- a forma como o progresso é medido;
- a gestão e a forma como se dirige uma empresa;
- a organização interna da equipe;

Além disso, uma enorme quantidade de recursos internos e externos é desbloqueada.

Para Ana Paula Passarelli (*apud* Criscuolo, 2022), cofundadora da agência de influenciadores Brunch, esse tipo de movimento é reflexo de um comportamento da sociedade do desempenho, que precisa evidenciar e visibilizar tudo o que está fazendo. As finalidades são diversas: desde ser considerado referência e autoridade no assunto até ganhar notoriedade e visibilidade.

AS NOÇÕES DE CAPITAL DE BOURDIEU (1997) E KARHAWI (2020) APLICADAS AO MODELO DE CEO *INFLUENCER*

Para justificarmos a utilização das noções de capital de Bourdieu, que foram transplantadas para o universo dos influenciadores digitais por Karhawi (2020) no livro *De blogueira a influenciadora*, nos valemos de três questões que nos ajudam a respaldar tal escolha:

1. A própria Karhawi (2020, p. 101) afirma: "Essa análise pode ser empreendida para qualquer tipo de influenciador digital. A análise bourdiana não apresenta juízo de valor; cada campo é responsável por capitais considerados mais ou menos estimados".
2. Para ser configurado ou caracterizado como influenciador digital, é preciso ter saberes e conhecimentos específicos, mas

também algum pré-requisito que envolva habilidade e experiência. A mesma autora (Karhawi, 2020, p. 102) sentencia: "Ser influenciador digital, de qualquer campo, indica deter algum tipo de habilidade, conhecimento, saber, experiência".

3. Podemos basear nossa decisão pelo caminho dos capitais bourdianos uma vez que, naturalmente, estamos tratando da presença do *C-level* nas plataformas de mídias sociais, nas quais, para Karhawi (2020, p. 105), "o ambiente digital como um espaço frutífero para trocas acaba por se apresentar como ideal para consolidação e acúmulo de capital social".

Adentrando especificamente as conceituações bourdianas, temos três capitais centrais — econômico, cultural e social — e um adicional — simbólico:

- **Capital econômico.** Aquele que pode ser convertido direta e/ou indiretamente em dinheiro. Por permitir acesso a bens e serviços, pode derivar em outras formas de capital.
- **Capital cultural.** Aquele que representa as qualificações educacionais e pode ser convertido, em certas condições, em capital econômico. Para Martino e Marques (2018, p. 71), "a 'distinção' é um indicador de 'capital cultural' de cada pessoa, isto é, seu repertório, de onde nasce sua capacidade de apreciar arte e cultura. Em termos simples, é o capital financeiro — o dinheiro — que leva uma pessoa ao Museu do Louvre, em Paris, mas é o capital cultural que diz o que ver por lá".
- **Capital social.** É constituído pelas conexões, podendo ser convertido, em certas condições, em capital econômico e ser institucionalizado na forma de um título, por exemplo. Também pode representar pertencimento a um grupo. É diretamente proporcional ao tamanho das redes de conexão que o

indivíduo consegue mobilizar. Recuero (2009) discute as redes sociais apoiando-se no conceito de capital social, que implica questões como normas de reciprocidade e confiança, consenso, cooperação, compartilhamento, pertencimento e reconhecimento mútuo. Bertolini e Bravo (*apud* Recuero, 2009, p. 50) constroem categorias para operacionalizar o conceito de capital social:

- Relacional: relações — que podem ser usadas para obter apoio, recursos e informações — entre os indivíduos, como amizades, laços familiares e profissionais.
- Normativa: valores e normas que regem o comportamento dos indivíduos em uma rede ou comunidade, de maneira a promover a confiança, a cooperação e o trabalho coletivo.
- Cognitiva: conhecimento compartilhado entre os indivíduos em uma rede ou comunidade, podendo ser usado para resolver problemas e tomar decisões.
- Institucional: instituições que sustentam uma rede ou comunidade, como organizações, governos e empresas, fornecendo recursos, infraestrutura e apoio para os indivíduos e as redes.

- **Capital simbólico.** Caracterizado pela percepção e legitimação de outros diferentes capitais. Por exemplo, o capital simbólico garante aos influenciadores poder, prestígio e distinção em seu campo de atuação. Partimos da premissa de que a alta liderança já tem uma posição de prestígio e atenção e, portanto, o cargo já vem com o capital simbólico. Conforme provam Martino e Marques (2018, p. 170), "a origem social imediatamente posiciona o autor de determinada frase em um espaço social particular, permitindo-lhe ser reconhecido por seus interlocutores". Charaudeau (2016, p. 241) trata da legitimação como "[...] um mecanismo de reconhecimento, pelo corpo social, do direito de agir em nome de uma finalidade aceita por todos. É uma posição atribuída por um sistema de organização social reconhecido por todos os membros da sociedade". Ou seja: justamente por serem líderes, os CEOs já atraem atenção de maneira natural.

Arriscamo-nos a representar graficamente os quatro capitais na figura a seguir:

Figura 13 — Capitais bourdianos

Fonte: imagem ilustrativa baseada em Bourdieu (1997) e Karhawi (2020).

Dessa maneira, pode-se dizer que um CEO que deseja ter presença, engajamento e visibilidade destacados no ambiente das mídias sociais precisa ter os três capitais principais, uma vez que essas figuras já gozam, naturalmente, do capital simbólico por suas posições hierárquicas e por todas as benesses de que desfrutam por pertencerem ao alto escalão de suas organizações.

O capital cultural de tais figuras se caracterizaria por sua formação acadêmica privilegiada ou por sua trajetória de sucesso. O capital econômico está representado por salários, bonificações, gratificações e afins compatíveis com os cargos. Já o capital social se dá pela capacidade que a figura do *C-level* tem de mobilizar conexões no ambiente digital, estimulando conversas, diálogos, promovendo conteúdos de seu interesse e obtendo retorno etc. Porém, tal capital social também está atrelado à reputação de sua organização e será maior e melhor quanto mais positiva for a primeira. Já o capital simbólico se daria pelo destaque do indivíduo nas redes, por meio de evidência em postagens, comentários, indicações, mídia espontânea em geral, entre outros.

Diante do exposto, fica evidente que a presença de um CEO nas mídias sociais não é apenas de uma questão de visibilidade, mas um jogo estratégico de capitais, conforme a teoria de Bourdieu (1997) e sua aplicação ao universo digital por Karhawi (2020). O CEO, por sua posição, já detém naturalmente o capital simbólico, mas, para consolidar sua influência digital, precisa articular e potencializar os capitais econômico, cultural e social. A construção de uma liderança digital eficaz depende da capacidade de mobilizar conexões, compartilhar conhecimento relevante e sustentar uma reputação sólida no ambiente *online*. Dessa forma, ao compreender e utilizar esses capitais de maneira estratégica, os CEOs podem não apenas fortalecer sua imagem pessoal, mas também ampliar o impacto e a credibilidade de suas organizações no cenário digital.

5. Visibilidade, reputação, autoridade e popularidade

No AMBIENTE ONLINE, VISIBILIDADE, reputação, autoridade e popularidade estão interligadas e desempenham papel crucial na construção da influência digital. A visibilidade se refere ao alcance e à frequência com que um indivíduo ou marca aparece para seu público, sendo impulsionada por estratégias de comunicação, presença ativa nas redes sociais e fluência no uso de algoritmos. No entanto, a visibilidade por si só não garante credibilidade; para isso, é necessário construir uma reputação sólida, baseada em consistência, transparência e entrega de valor ao público. A reputação, por sua vez, contribui para a construção da autoridade, que se manifesta quando um profissional ou marca é reconhecido como referência em seu nicho, influenciando opiniões e decisões. Já a popularidade envolve o engajamento e a aceitação do público, refletindo o nível de afinidade e identificação que a audiência tem com a figura em questão. Embora esses conceitos possam se sobrepor, é importante notar que um indivíduo pode ser popular, mas não necessariamente uma autoridade, assim como pode ter alta visibilidade sem uma boa reputação. No contexto digital, o equilíbrio entre esses elementos é essencial para uma presença forte e impactante.

No livro *Redes sociais na internet* (2009), Raquel Recuero discutiu as características propiciadas pelos sites de redes sociais. Dessa forma, cada valor — visibilidade, reputação, popularidade e autoridade — está diretamente relacionado a um tipo de **capital social**.

As plataformas de mídias sociais, segundo Recuero (2009, p. 107), propiciam a construção de valores que influenciam os atores sociais. Para a autora, um dos elementos mais importantes para o estudo de redes sociais é "[…] a verificação dos valores construídos nesses ambientes" (idem). Tais valores podem ajudar tanto na percepção do **capital social** construído nesses ambientes como na influência sobre a construção e a estrutura das redes sociais.

Por conta das conexões permitidas pelas redes sociais, os atores ficam mais conectados e, portanto, mais visíveis. Quanto mais conectado está um usuário, mais chance ele tem de receber o que está circulando nas redes. Assim, a **visibilidade** está conectada ao capital social relacional (*ibidem,* p. 108).

A autora enfatiza que a **reputação** é construída de forma mais fácil nas mídias sociais, pois os usuários podem criar "[...] impressões de modo intencional" (Recuero, 2009, p. 111). Além disso, a reputação está ligada a dois tipos de capital social: o relacional (que surge das conexões entre os usuários) e o cognitivo (relacionado ao tipo de informação que cada usuário publica).

Popularidade é um valor relacionado à audiência e diz respeito ao posicionamento de um ator social dentro de determinada rede. Quanto mais popular, maior a sua capacidade de influência, mais comentários, mais visitas, mais indicações. Popularidade, segundo Recuero (*ibidem*, p. 112), tem valor quantitativo e tem que ver com o capital social relacional.

A **autoridade** (*ibidem*, p. 113) de um ator implica seu poder de influência e está ligada tanto ao capital social relacional e cognitivo quanto ao conector (pois visa à construção de audiência). Charaudeau (2016, p. 251) afirma que "a autoridade é, pois, o que dá crédito à pessoa em seu poder de fazer. Não é o que a legitima, mas o que lhe dá crédito no exercício do poder".

A seguir, um resumo dos valores percebidos e a quais capitais sociais estão ligados.

Quadro 1 — Valores e capital social

Valor percebido	Capital social
visibilidade	relacional
reputação	relacional e cognitivo
popularidade	relacional
autoridade	relacional e cognitivo

Fonte: Recuero (2009, p. 114).

Para construir capital social é preciso se apropriar das ferramentas de mídias sociais, de seus formatos, linguagens, *timings*, *trends*, características e peculiaridades. Para influenciar, segundo Recuero (2009), o ator social deve construir o seu capital social gerindo, principalmente, sua visibilidade, sua reputação, sua popularidade e sua autoridade.

HABILIDADES E COMPETÊNCIAS NECESSÁRIAS PARA SER UM *C-LEVEL INFLUENCER*

O conceito de **C-level influencer** emerge como uma tendência em que CEOs e executivos de alto escalão utilizam plataformas digitais não apenas para divulgar suas empresas, mas também para construir autoridade, engajamento e conexão com diferentes públicos. No entanto, para desempenhar esse papel de forma eficaz, esses líderes precisam desenvolver um conjunto de **habilidades e competências específicas**, que vão da curadoria de informações e do domínio das mídias digitais à gestão estratégica da visibilidade.

É fato que os tempos contemporâneos e midiatizados exigem visibilidade midiática. Assim, para Karhawi (2020, p. 47), o indivíduo que consegue construir a sua intimidade e fazer dela objeto de exposição será aquele que vai se destacar na cena midiática.

Karhawi (2020, p. 208) define o influenciador digital como "[…] aquele sujeito que produz conteúdo nas mídias sociais digitais sobre quaisquer assuntos". Para se tornar, porém, de fato, um influenciador digital, a autora compreende ser necessária uma "jornada de influência" (*ibidem*, p. 210), que inclui:

1. produção de conteúdo;
2. consistência temática e temporal dessa produção;
3. manutenção de relacionamentos por meio de trocas na rede;
4. destaque e/ou autoridade em uma comunidade.

Karhawi (2020, p. 215) reuniu habilidades, competências e práticas que compõem o trabalho de um influenciador digital, conforme listamos a seguir: **a) curadoria de informação** (ser um bom filtro de conteúdos para a sua audiência); **b) conhecimento de nicho** (relacionar-se com a sua comunidade de interesses); **c)** *expertise* **transmidiática** (conhecimento multiplataforma e capacidade de transitar entre as mídias sociais); **d) identificação de tendências; e) gestão da visibilidade** ("posicionamento, reputação e visibilidade como ferramentas estratégicas"); **f) criatividade; g) atualização; h) ética.**

Estendendo tais características às lideranças influenciadoras, podemos dizer que se aplicam no seguinte sentido:

- **Curadoria de informação** — falando com os funcionários ou para audiências externas, o *C-level influencer* vai precisar fazer uma seleção de conteúdos que quer abordar, de modo que funcionem como "filtros da rede" (Karhawi, 2020, p. 215).

DE FUNCIONÁRIOS A INFLUENCIADORES

- **Conhecimento de nicho** — *a priori*, quando se tem um cargo de alta gestão em determinada organização, espera-se que o indivíduo seja especialista em temas, assuntos e questões que envolvem aquele universo corporativo. Assim, se a pessoa é a principal executiva de uma indústria de alimentos, espera-se que saiba falar a respeito do setor com dados, números, fatos, acontecimentos que o envolvem.

- *Expertise* **transmidiática** — saber transitar por diversas plataformas e entender o funcionamento de cada uma delas é importante para promover os conteúdos em diferentes redes e para distintos públicos.

- **Identificação de tendências** — aquele que ocupa os altos escalões das organizações deve ser "antenado" ao que está por vir em seu setor, segmento ou área de atuação para assim ser um *early adopter* ou falar com propriedade do que se consolida ou não.

- **Gestão da visibilidade** — para Karhawi (2020, p. 217), "estar na rede é construir presença digital", exigindo-se "[...] conhecimento sobre posicionamento, reputação e visibilidade como ferramenta estratégica". Assim, saber gerir tais regimes de visibilidade ou até mesmo de invisibilidade (Silva e Baldissera, 2021, p. 37) é importante para as lideranças influenciadoras.

Rony Meisler, CEO da marca de roupas Reserva, em entrevista ao jornal *Valor Econômico* (Gonçalves, 2022), sinalizou: "As mídias sociais são um ecossistema perfeito para que o CEO não apenas se exponha, dando vida e alma para a empresa, mas também para que, por meio de sua voz, possa representar e divulgar a cultura da companhia".

Segundo Ricardo Neves, CEO da NTT Data e autor do livro *CEO virtual*, é fundamental que o líder se mostre ativo nas mídias digitais: "Estamos na era dos canais próprios, viramos canais de *broadcast* narrando nossas próprias histórias" (Neves, 2022, p. 117).

Porém, entendemos que o suporte estratégico ao líder que quer se destacar no âmbito digital deva vir da área e dos profissionais de comunicação organizacional da companhia. Diz Carramenha (2019, p. 87):

> Está a cargo do profissional de comunicação, nas empresas, o gerenciamento dos processos midiáticos, aqui entendidos como a gestão das interfaces da comunicação — não apenas do que é produzido em veículos comunicacionais formais, mas também o que circula nos fluxos informais, no universo simbólico da organização como um todo. Portanto, o conceito de processos midiáticos, no contexto organizacional, relaciona-se à produção e reprodução do discurso da organização em todas as formas em que ele se apresenta.

6. Os 8 Cs do funcionário *influencer*

Com base nas discussões teóricas e nas observações práticas feitas até aqui, criamos uma representação gráfica de influência com características e competências que julgamos serem necessárias para o exercício de uma função adequada dos funcionários e da liderança no papel de influenciadores digitais, conforme vemos na imagem a seguir:

Figura 14 — Os 8 Cs do funcionário *influencer*

Fonte: elaborada pela autora.

No ambiente digital, a construção de uma presença influente vai além da simples produção de conteúdo; ela exige um conjunto de habilidades e atributos que fortalecem a conexão com a audiência.

Comunicação: capacidade de se comunicar. Segundo Almeida e Andrelo (2022), para que o processo comunicativo aconteça, é preciso que se desenvolvam três competências principais: informacional, midiática e digital.

Vejamos a definição de competência informacional:

> De forma sintética, uma pessoa competente no uso da informação é capaz de tomar consciência da sua necessidade de informação; encontrar informação necessária; avaliar a qualidade de diferentes fontes de informação; utilizar eficazmente a informação em função de um objetivo dado e gerar informação de um modo socialmente aceitável. (Stern *apud* Almeida e Andrelo, 2022, p. 46)

Na competência midiática, as mesmas autoras destacam:

> Para exercer a cidadania e ter liberdade de expressão é preciso ter competências midiáticas, também chamadas de alfabetização midiática, educação às mídias, mídia-educação, literacia midiática ou *media literacy*, que podem ser definidas como "formação para a compreensão crítica das mídias, mas também se reconhece o papel potencial das mídias na promoção da expressão criativa e da participação dos cidadãos, pondo em evidência as potencialidades democráticas dos dispositivos técnicos de mídia". (Bévort e Belloni *apud* Almeida e Andrelo, 2022, p. 48)

Por fim, no que tange à competência digital, Almeida e Andrelo (2022, p. 51) evidenciam que é necessária uma formação específica, chamada de literacia digital, alfabetização digital ou competência digital, que vai além das capacidades técnicas apenas.

Credibilidade: Pisarra relaciona credibilidade à boa reputação estando esta, por sua vez, ligada à produção consistente de conteúdo e construção de autoridade:

> O *ethos* estaria relacionado com a sua credibilidade, ou seja, a sua reputação. Se você tem uma boa reputação, as pessoas têm uma tendência maior a acreditar no que você diz e comprar o que você indica ou seguir seus conselhos. Na internet, essa reputação é construída por meio da consistência do conteúdo e da construção de autoridade. (Pisarra, 2022, p. 94)

Já Neves (2022, p. 124) pensa que, para ter a confiança de quem acompanha um líder nas mídias sociais, "[...] a veracidade e a autenticidade têm que ser a base dessa comunicação".

Conhecimento: trata-se do domínio sobre o tema que está sendo abordado, que permite ao influenciador fornecer informações valiosas. Tem que ver com capacidade técnica, *expertise* em seu campo de atuação, e vai precisar da credibilidade para se legitimar.

Competência para as mídias digitais: no quesito competência para as mídias sociais, ter intimidade com a operação é um dos receios de muitos CEOs que se encontram fora do ambiente digital, conforme explica Bogéa (*apud* Fonseca, 2022): quem está fora tem como principal barreira o tempo e tem insegurança em relação ao *modus operandi* das redes sociais, além do receio de o conteúdo causar dano à marca ou gerar crise.

Trata-se da capacidade de utilizar diferentes plataformas digitais de forma eficaz para maximizar o alcance e o impacto e do entendimento de que diferentes meios digitais exigem distintos formatos e linguagens específicas.

Capacidade de diálogo: para Neves (2022, p. 122), "[...] as redes se tornaram para mim esse grande canal de escuta, tanto dos colaboradores quanto do mercado". E completa: "A interação é fundamental. E a atenção ao tempo dedicado às redes também" (*ibidem*, p. 121). Em sua fala, o CEO destaca ser necessário, portanto, interagir, ter tempo para tal atribuição e dedicar-se a mais essa função.

Carisma: caracteriza-se por um conjunto de habilidades em um sujeito que encanta, seduz, desperta a aprovação e, consequentemente, a simpatia dos outros.

Carisma, para Charaudeau (2016, pos. 1184), "é um *plus* que funciona no campo da credibilidade e da captação do público, sua realização. A palavra vem do grego cristão *kharis > kharisma*, que significa 'dom, favor, graça de origem divina'". Em relação ao indivíduo carismático, o autor completa:

> O carismático, assim, faz eco a uma necessidade de identificação por parte de uma opinião ou de uma comunidade que vivencia uma crise de identidade e sofre de decadência social. Ele é o suporte de identificação suscetível de fazer chegar a um ideal, e deve ser sentido como tal por aqueles que sofrem ou são alienados. (*Ibidem*, pos. 1225)

Para Torres (2014, p. 91), "carisma define-se hoje mais pela recepção, pelas audiências, do que pelo caráter ou pelas qualidades dos carismáticos". E completa:

> [...] quer dizer, o carisma é antes um carisma midiático, da própria mídia, antes de ser um carisma midiatizado das celebridades. O carismático da mídia — o carismidiático — serve à indústria e ao *status quo* do sistema econômico. Ambos, mídia e celebridades, alimentam o consumo capitalista, concretizando a relação triangular celebridade-economia-carisma. (*Ibidem*, p. 93)

Em resumo, carisma é a qualidade que atrai e encanta as pessoas, tornando o influenciador mais acessível e admirado.

Comprometimento: significa ter dedicação e envolvimento com o fato de ter um perfil público. Trata-se do compromisso de se relacionar com a produção de conteúdos, pautas, respostas etc. com ética e responsabilidade.

Constância: ter assiduidade e frequência nos perfis de mídias sociais de forma a gerar uma expectativa nas audiências que acompanham o executivo ou o funcionário com conteúdo relevante, de qualidade e que engaje.

Neves (2022, p. 123) resume a jornada de ser um CEO ativo nas redes:

> Ponderar opiniões, levantar versões dos fatos, influenciar a audiência a refletir sobre o que está ocorrendo pode também ser o papel da liderança. É preciso se mostrar relevante, mas sempre de forma sensata, especialmente em tempos polarizados como os nossos. O fundamental é estar alinhado aos valores pessoais, aberto aos riscos e sabendo que, sim, estar ativo em uma rede social é se expor a críticas públicas, comentários que podem impactar o *business*. Ou seja, não basta ter uma conta; é preciso estar presente nessa operação para que valha a pena.

Diante do cenário digital atual, torna-se evidente que a influência e a relevância de um profissional, sobretudo de um líder, vão além da simples presença nas mídias sociais. A construção dessa influência passa por uma comunicação eficaz, credibilidade, conhecimento aprofundado, domínio das plataformas digitais, capacidade de diálogo, carisma, comprometimento e constância. Todos esses elementos são interligados e fundamentais para estabelecer uma presença digital autêntica e impactante.

Como ressaltam diversos autores, estar ativo nas redes exige estratégia, tempo e dedicação, sendo um processo que deve estar alinhado aos valores pessoais e institucionais. Assim, a presença digital não implica apenas visibilidade, mas a construção de autoridade, relacionamento e influência genuína, que podem gerar impactos significativos tanto na reputação individual quanto na organização que o líder representa.

7. Programa de influenciadores internos

Acreditamos que um programa de influenciadores internos ajude a fortalecer a cultura organizacional, engajar funcionários e, ainda, contribuir para uma estratégia de marca empregadora. Do ponto de vista do funcionário que adere a um programa como esse, enxergamos benefícios de visibilidade e exposição midiáticas, desenvolvimento de competências adicionais às do escopo do trabalho, possibilidade de avanço na carreira, entre outras.

Para implementar um programa de influenciadores internos, recomendamos dez passos essenciais:

- **Definir objetivos e metas** — estabeleça o propósito do programa, como aumentar o engajamento interno, fortalecer a marca empregadora, humanizar a companhia ou impulsionar a comunicação da organização (seja no âmbito interno ou externo). A companhia precisa saber exatamente o que quer comunicar por meio dessas figuras.
- **Identificar e selecionar influenciadores** — escolha funcionários que, em primeiro lugar, queiram participar, sejam engajados, tenham credibilidade e perfil para representar a organização (tanto interna quanto externamente).
- **Criar diretrizes e expectativas** — desenvolva um guia com regras, boas práticas e tom de voz para garantir alinhamento

com a cultura e os valores da organização. Faça valer o código de conduta da empresa e deixe bastante evidentes o que se espera e se aceita e aquilo que não será tolerado (o que chamamos em comunicação de "*Dos and don'ts*").

- **Oferecer treinamento e capacitação** — ensine os influenciadores internos a produzir conteúdos autênticos, usar redes sociais, entender as suas peculiaridades e interagir com o público interno e externo.
- **Fornecer ferramentas e recursos** — disponibilize materiais, *templates* e plataformas para facilitar a criação e o compartilhamento de conteúdos.
- **Definir canais e tipos de conteúdo** — escolha os meios de comunicação (intranet, redes sociais, *newsletters*, eventos) e os formatos (vídeos, textos, *podcasts*, *posts*) mais eficazes.
- **Criar um plano de incentivos** — ofereça reconhecimento, prêmios, *gamificação* ou benefícios para manter o engajamento dos influenciadores.
- **Monitorar e medir resultados** — acompanhe métricas como alcance, engajamento e impacto na cultura e na reputação organizacionais para avaliar a eficácia do programa.
- **Promover a interação e a troca de experiências** — incentive *feedbacks*, encontros periódicos e compartilhamento de boas práticas entre os influenciadores.
- **Ajustar e evoluir o programa** — faça melhorias contínuas com base nos resultados e nas sugestões dos participantes para garantir a relevância do programa em longo prazo.

A seleção dos influenciadores internos é um passo crucial para garantir o sucesso do programa. A fim de que o projeto funcione, é preciso:

- **Definir o perfil ideal**

De funcionários a influenciadores

- Escolha funcionários que sejam engajados, comunicativos e alinhados com os valores da empresa.
- Priorize aqueles que já são referência entre os colegas e que participam ativamente das iniciativas internas.
- **Solicitar indicações**
  - Peça aos gestores e líderes que indiquem funcionários com potencial para influenciar positivamente os times ou que já sejam influenciadores digitais.
  - Permita que os próprios funcionários se candidatem ao programa.
- **Analisar a presença digital e interna**
  - Veja se o funcionário já se comunica bem nos canais internos (intranet, Slack, grupos de WhatsApp, redes sociais corporativas).
  - Caso o programa envolva redes sociais externas, avalie o estilo e a qualidade dos conteúdos compartilhados.
- **Criar um processo de inscrição**
  - Produza um formulário simples perguntando sobre interesses, motivações e ideias para o programa.
  - Inclua perguntas sobre como o funcionário pretende contribuir e quais canais prefere usar.
  - Planeje uma campanha de comunicação interna para divulgar a iniciativa a toda a empresa e captar funcionários de todos os níveis, áreas e funções.
- **Criar um comitê para o processo seletivo**
  - Integrantes de diversas áreas têm visões distintas e podem colaborar para uma seleção mais plural e diversa.
  - Analise que áreas são cruciais para esse processo (comunicação, marketing, jurídico, RH, área operacional etc.).
- **Avaliar habilidades de comunicação**
  - Promova entrevistas ou dinâmicas para testar a capacidade de engajar e influenciar colegas.

- Analise se o candidato tem facilidade para se expressar e gerar conexão.
- **Diversificar os perfis**
  - Escolha influenciadores de diferentes áreas e níveis hierárquicos para representar toda a organização.
  - Busque um equilíbrio entre veteranos e novos talentos para trazer diferentes perspectivas.
- **Testar com um grupo piloto**
  - Antes de lançar o programa oficialmente, selecione um grupo pequeno para testar estratégias e identificar melhorias.
  - Observe o engajamento e os resultados iniciais antes de expandir.

A utilização de estratégias de influência interna pode representar vantagem competitiva para uma organização:

- **Reputacionalmente falando** — denota uma imagem de organização que se mostra aberta aos funcionários, permitindo que eles se expressem.
- **Internamente falando** — ajuda no reconhecimento entre pares e na identificação de outros funcionários com quem os representa.
- **Externamente falando** — é uma maneira autêntica e legítima de expressão organizacional, uma vez que são pessoas dialogando com outras sem o "verniz" da voz corporativa sisuda e oficial.

Considerações finais

Buscamos evidenciar a **digitalização** (de indivíduos e corporações) em virtude da necessidade de presença; a **exposição** e o **engajamento** no meio digital, sobretudo nas plataformas sociais digitais; a **influência** como um fator de atenção para as organizações que querem se destacar, construir imagem e reputação e ainda impactar vendas; e, por fim, a **presença dos funcionários e executivos nas redes**, que não só ganhou mais atenção e relevância como passou a ser condição desejada na construção de relacionamentos e estratégias que ajudem a vender e a formar uma boa imagem e reputação em tempos voláteis de hiperconexão e de extrema preocupação com a visibilidade midiática.

Em tempos de descrédito das vozes mercadológicas tradicionais — publicidade, campanhas institucionais autopromotoras e afins —, abre-se um espaço para a suposta autenticidade dos indivíduos. Assim, os influenciadores digitais ganharam espaço e, dessa mesma maneira, os funcionários das organizações adquiriram protagonismo como canais relevantes de comunicação para seus empregadores.

De acordo com Lemos (2023), as audiências buscam mais conteúdos de gente do que de marcas, e isso nos ajuda a justificar a importância das lideranças com competências comunicativas no âmbito digital:

[...] Se antes o ecossistema das mídias era dominado por canais ou marcas, hoje assistimos à consolidação da *me-media* ou *"egomídia"*, cujo centro é o "eu". Esse é um fenômeno global que não está só na superfície. É o capítulo mais recente do processo de mudança radical das mídias, com consequências estruturais. Mais gente quer consumir conteúdo de pessoas e menos de empresas ou marcas.

Nessa linha, Evelle (2024) relaciona os CEOs presentes nas mídias sociais a líderes de pensamento que "[...] têm a responsabilidade de provocar mudanças e incentivar transformações estruturais em seus setores":

> Vivemos em uma era onde transparência e autenticidade são exigências, e as pessoas querem saber quem está por trás das empresas que consomem e em que investem. Mais do que lucros, as novas gerações buscam valores, e querem líderes que se alinhem a esses princípios.

Outro objetivo do texto foi trazer uma *possibilidade de mapeamento dos agentes influenciadores digitais que impactam as organizações*. Assim, criou-se o *ecossistema da influência organizacional digital*, que pode ser aplicado a companhias de qualquer setor, segmento ou porte com fins de identificação de oportunidades de relacionamento, exposição e visibilidade.

A depender do objetivo que se pretende, a organização pode escolher um ou mais agentes influenciadores para realizar ações de divulgação, visibilidade, relacionamento e vendas. Em nosso livro, optamos por destacar como os funcionários e líderes podem ser utilizados como instrumento de construção de imagem e reputação para as marcas que representam, mas também como tais iniciativas podem ser benéficas para eles e suas carreiras.

Por fim, entendemos que a crescente presença de executivos e empregados nas plataformas sociais digitais exige atenção antes que eles se lancem despretensiosamente nos canais de mídias sociais. Como defende Carramenha (2019, p. 117): "[...] O sobrenome corporativo — a empresa em que se trabalha — tem se tornado um importante marcador identitário do sujeito contemporâneo". Além disso, é preciso:

- entender a dinâmica das redes;
- ter autenticidade;
- expor opiniões e pontos de vista, ainda que a companhia não os tenha;
- definir em quais canais estar;
- determinar de quais assuntos a marca participa e quais têm consonância com a *expertise* do líder:
  - agenda de assuntos com os quais o executivo se identifica;
  - informações corretas, propositivas e de interesse do consumidor/seguidor;
- decidir o tom de voz:
  - posicionamentos e como vai falar;
- saber aonde se pode ir (contextos e fronteiras):
  - alinhamento entre posicionamentos pessoais e valores corporativos;
  - mapear riscos;
  - gerir crises;
- fazer compartilhamento:
  - maior e mais interativo de conteúdos e experiências;
  - de conteúdo exclusivo ou de bastidores;
- adotar posturas diferentes em cada uma das plataformas de mídias sociais (pessoal, público, de negócios etc.);
- ter projeção pessoal e profissional;
- ter *guidelines* específicas para isso.

Figura 15 — Presença dos funcionários nas mídias sociais

Fonte: elaborada pela autora.

Do ponto de vista prático, é preciso pensar em quem vai gerir a presença dos executivos nos canais, uma vez que a própria pessoa poderá cuidar dos conteúdos e respostas e ou ter o respaldo de alguém ou de uma empresa para a função.

As grandes empresas de relações públicas já têm em seus contratos que, além de administrar a presença das organizações, também passam a gerir os perfis de mídias sociais do presidente ou dos executivos, por exemplo, nas mídias sociais. Segundo Rocha (2021a, p. 25), o trabalho demanda:

- realizar uma análise comportamental para captar detalhes da personalidade do executivo e, em seguida, construir sua persona nas redes;

De funcionários a influenciadores

- identificar barreiras/características que possam gerar polêmica;
- identificar aspectos positivos que possam ser utilizados.

Assim, como diria Cardoso (2021, p. 117) sobre a responsabilidade do profissional de comunicação diante dos desafios, necessidade de metrificações e responsabilidades: "Esta é a mais nobre missão da comunicação: estabelecer conexões entre marcas e consumidores por meio da construção de sentido, do posicionamento, ou de narrativas, como alguns preferem chamar".

Há, no entanto, aqueles que preferem não manter uma presença ativa nas redes sociais. Como sinaliza Bogéa (*apud* Gonçalves, 2022), "uma parcela significativa dos executivos ainda não percebeu que parte da sua função como líder passa pela comunicação ativa, e essa comunicação, com múltiplos *stakeholders*, se dá cada vez mais nas mídias sociais". Entre as questões que afastam os CEOs das plataformas sociais digitais, Bogéa (idem) aponta: insegurança, inexperiência e falta de intimidade com os meios; falta de treinamento para esse tipo de função/formato; e conteúdos que venham a gerar crises e/ou críticas para as empresas.

O uso das redes sociais pelos executivos é uma das "alavancas de comunicação das marcas", ajudando a viralizar determinadas mensagens, tirar o estigma de liderança distante, possibilitar mais acesso à transparência e inspirar os mais jovens a aspirar àquelas posições (Rocha, 2021b, p. 28). Bogéa (*apud* Fonseca, 2022) reforça que um CEO ativo no LinkedIn ajuda a engajar pessoas com a marca e com ele próprio. Quem fica de fora pode sofrer as consequências, que começam pela ansiedade de perder o "bonde" e passam pela imagem de líder antiquado por não participar das mídias sociais.

Será que viveremos em uma lógica de "tenho que postar para existir"? Ao menos em termos de visibilidade midiática, sim. Tourinho (2019, p. 154) alerta:

Entendemos a diluição do poder da mídia tradicional, que não é mais a dona todo-poderosa das narrativas. Agora, cada um pode ter seu próprio *Jornal Nacional*, o que ao mesmo tempo potencializa o interesse natural do ser humano pela vida alheia. Boa parte da humanidade já está dentro deste jogo e vive com a crença de que "posto, logo existo".

Outra discussão que vale ser evidenciada é: somos todos influenciadores? Se sim, quem, de fato, influencia? Para a Youpix (2023), "[...] a verdadeira diferença está na maneira como abordamos essa influência, mantendo nossa integridade e propósito".

Por fim, entendemos que a influência organizacional digital seja um conjunto composto de diversos agentes. Sozinhos, eles podem funcionar, mas, arquitetados de maneira integrada e estratégica, podem contribuir para que a organização se torne uma marca influenciadora digital, como elucidou Terra (2021, p. 107): "A organização deve se ocupar de liderar mudanças, dar voz aos empregados sem medo de dividir informações, atuar de forma regionalizada e ter na figura de seu líder a visibilidade necessária para que as pessoas confiem na empresa". E confiança é a base dos relacionamentos, sejam ele organizacionais ou não.

Referências

ALMEIDA, Fernanda de; ANDRELO, Roseane. *Relações públicas educativas: educação para a comunicação nos ambientes organizacionais.* Bauru: Canal 6, 2022.

ANDRADE, Thalita. *Pepfluencer.* 29 abr. 2021. Instagram: @thalitaandradet.

BOURDIEU, Pierre. "The forms of capital". In: HALSEY, Albert Henry *et. al. Education culture, economy and society.* Nova York: Oxford University Press, 1997.

BRANCO, João. *João Branco do Méqui.* 23 jul. 2021. LinkedIn: /falajoaobranco. Disponível em: https://www.linkedin.com/in/falajoaobranco/. Acesso em: 23 jul. 2021.

BRUNSWICK GROUP. *Connected leadership in Brazil. Site Brunswick*, [2021].

CAMARGO, João. *Criador de conteúdo x influenciador.* 17 nov. 2021. Instagram: @eujoaocamargo. Disponível em: https://www.instagram.com/eujoao camargo/p/CWZGqp-LAZy/. Acesso em: 27 jun. 2022.

CÂNDIDO, Ian. "Apenas 30% dos CEOs julgam positiva a própria atuação em marketing de influência". *Site Mundo do Marketing.* 31 out. 2024. Disponível em:https://mundodomarketing.com.br/apenas-30-dos-ceos-julgam-positiva-a-propria-atuacao-em-marketing-de-influencia. Acesso em: 31 out. 2024.

_____. "Satisfação com produtos recomendados por influencers chega a 80% no Brasil". *Site Mundo do Marketing.* 23 out. 2024. Disponível em: https:// mundodomarketing.com.br/satisfacao-com-produtos-recomendados-por-influencers-chega-a-80-no-brasil. Acesso em: 31 out. 2024.

CARDOSO, Claudio. *A comunicação no comando: ferramentas para a gestão de ativos intangíveis.* São Paulo: Aberje, 2021.

CARRAMENHA, Bruno. *Profissionais de comunicação nas empresas: identidades, responsabilidades e conflitos.* Curitiba: Appris, 2019.

CHARAUDEAU, Patrick. *A conquista da opinião pública: como o discurso manipula as escolhas políticas.* Campinas: Contexto, 2016.

CORTEX INTELLIGENCE. "Embaixador de marca: qual é a influência para a reputação corporativa?" *Site Cortex Intelligence*, [2021]. Disponível em: https://www.cortex-intelligence.com/blog/embaixador-de-marca. Acesso em: 10 ago. 2023.

CRIDDLE, Cristina. "Cresce a cobrança para que CEOs sejam influenciadores". *Valor Econômico*. 28 out. 2024. Disponível em: https://valor.globo.com/carreira/noticia/2024/10/28/cresce-a-cobranca-para-que-ceos-sejam-influenciadores.ghtml. Acesso em: 31 out. 2024.

CRISCUOLO, Isaque. "Colaborador ou influenciador? Marketing de influência chega ao RH, mas é preciso ter cuidados". *Site Cajuína*. 28 jun. 2022. Disponível em: https://cajuina.org/principais/mergulho/colaborador-ou-influenciador-marketing-de-influencia-chega-ao-rh-mas-e-preciso-ter-cuidados/. Acesso em: 4 jul. 2022.

CURY, Vânia Bueno. "Comunicação para o desenvolvimento organizacional". In: KUNSCH, Maria Margarida K. (org.). *Comunicação organizacional estratégica: aportes conceituais e aplicados*. São Paulo: Summus, 2016.

EDELMAN. "Trust Barometer 2024". *Site Edelman*. Disponível em: https://www.edelman.com.br/edelman-trust-barometer-2024-arquivo. Acesso em: 21 fev. 2025.

_____. "Trust Barometer 2023: navegando em um mundo polarizado". *Site Edelman*. Disponível em: https://www.edelman.com.br/edelman-trust-barometer-2023-arquivo. Acesso em 14 ago. 2023.

_____. "Trust Barometer 2022: o círculo da desconfiança". *Site Edelman*. Disponível em: https://www.edelman.com.br/estudos/edelman-trust-barometer--2022-arquivo. Acesso em: 14 ago. 2023.

_____. "Trust Barometer 2021: confiança no Brasil + Global". *Site Edelman*. Disponível em: https://www.edelman.com.br/estudos/edelman-trust-barometer-2021. Acesso em: 14 ago. 2023.

EVELLE, Monique. "Os CEOs viraram influenciadores agora?" 28 out. 2024. *Monique Evelle no Substack*. Disponível em: https://moniqueevelle.substack.com/p/os-ceos-viraram-influenciadores-agora. Acesso em: 31 out. 2024.

EXAME. "*CEO da Cimed estreia em novela em nova estratégia de marketing*". Instagram: @exame. 8 dez. 2023. Disponível em: https://www.instagram.com/p/C0ma5VCMI6y/. Acesso em: 28 out. 2024.

FLICK, Uwe. *Introdução à pesquisa qualitativa*. Porto Alegre: Artmed, 2009.

FONSECA, Adriana. "O que fazem os CEOs que mais usam o LinkedIn no Brasil". *Valor Econômico*. 10 mar. 2022. Disponível em: https://valor.globo.com/carreira/noticia/2022/03/10/so-23-dos-ceos-sao-muito-ativos-em-rede-social-profissional.ghtml. Acesso em: 15 jun. 2022.

FOREMSKY, Tom. "Welcome — When every company is a media company". *Site Every Company is Media Company*, 2010. Disponível em: https://tinyurl.com/yc338r7a. Acesso em: 27 jun. 2022.

FOUCAULT, Michel. *A arqueologia do saber*. Rio de Janeiro: Forense Universitária, 1997.

FRANÇA, Vera. "Celebridades: identificação, idealização ou consumo?" In: FRANÇA, Vera *et al. Celebridades no século XXI: transformações no estatuto da fama*. Porto Alegre: Sulina, 2014. p. 15-36.

GONÇALVES, Fernanda. "O que leva um CEO a querer atuar como influenciador digital". *Valor Econômico*. 27 jun. 2022. Disponível em: https://valor.globo.com/carreira/noticia/2022/06/27/o-que-leva-um-ceo-a-querer-atuar-como-influenciador-digital.ghtml. Acesso em: 27 jun. 2022.

GONSALVES, Wesley. "O CEO virou influenciador: como os executivos têm usado as redes sociais para turbinar suas empresas". *Estadão*. Disponível em: https://www.estadao.com.br/economia/negocios/o-ceo-virou-influenciador-especialista-da-dicas-sobre-o-uso-das-redes-sociais/?srsltid=AfmBOoo-Lj0Oz2fEmL9VOlLiW9qlhznYZgCIEoDUqWRYL50VacKpGZs5. Acesso em: 31 out. 2024.

HAN, Byung-Chul. *Sociedade do cansaço*. Rio de Janeiro: Vozes, 2017.

HAPPY HOUSE. "*Happy trends: a comunicação com colaboradores no mundo do trabalho em transformação*". Porto Alegre/RS: Happy House, 2023.

INFLUENCER MARKETING HUB. "The state of influencer marketing 2025: benchmark report". *Site Influencer Marketing Hub*. 30 jan. 2025. Disponível em: https://influencermarketinghub.com/influencer-marketing-benchmark-report/. Acesso em: 2 fev. 2025.

INPRESS PORTER NOVELLI. "Como os CEOs se posicionam nas redes sociais e os impactos nos negócios". *Site InPress*. 2023. Disponível em: https://materiais.inpresspni.com.br/lideranca-com-impacto-posicionamento-redes-sociais. Acesso em: 15 ago. 2023.

KARHAWI, Issaaf. "Comunicação organizacional e influenciadores digitais: aproximações e conflitos". In: TERRA, Carolina Frazon; DREYER, Bianca Marder; RAPOSO, João F. *Comunicação organizacional: práticas, desafios e perspectivas digitais*. São Paulo: Summus, 2021, p. 141-153.

_____. *De blogueira a influenciadora: etapas de profissionalização da blogosfera de moda brasileira*. Porto Alegre: Sulina, 2020.

_____. "Influenciadores digitais: conceitos e práticas em discussão". Artigo apresentado no XI Congresso Brasileiro Científico de Pesquisadores de Comunicação Organizacional e Relações Públicas — Abrapcorp 2017, Belo Horizonte, MG, Brasil. Disponível em: http://www.abrapcorp.org.br/portal/index.php/2011/10/anais-online/. Acesso em: 23 jul. 2021.

Kiso, Rafael. "*5 dados sobre o LinkedIn em 2024*". 2024. LinkedIn: @rafaelkiso. Disponível em: https://www.linkedin.com/posts/rafaelkiso_dados-sobre-o-linkedin-no-brasil-activity-7173281765178961922-8S2J/?utm_source=sha re&utm_medium=member_desktop&rcm=ACoAAAHpSUQBy_mLU 1jro4351kDKciqev3jCd7o. Acesso em: 1 maio 2025.

_____. "Quem os consumidores querem ver refletidos nos conteúdos das marcas". 18 mar. 2024. Instagram: @rkiso. Disponível em: https://www.instagram.com/p/C4ptXJFMzB3/?igsh=cWNuZ3c5cTU2MnY4. Acesso em: 1 maio 2025.

KLM. Blue Crew [vídeo]. 24 fev. 2021. Instagram: @klm. Disponível em: https://www.instagram.com/p/CLq1fYpFz6g/. Acesso em: 23 jul. 2021.

Lemos, Alexandre Z. "CPF e CNPJ". *Meio & Mensagem*. 10 maio 2021. Disponível em: https://www.meioemensagem.com.br/opiniao/cpf-e-cnpj. Acesso em: 23 jul. 2021.

Lemos, Ronaldo. "Egomídia: a ascensão dos influenciadores". *Folha de S.Paulo*. 6 ago. 2023. Disponível em: https://www1.folha.uol.com.br/colunas/ronaldolemos/2023/08/egomidia-a-ascensao-dos-influenciadores.shtml. Acesso em: 10 ago. 2023.

Marchiori, Marlene. *Cultura e comunicação organizacional: um olhar estratégico para a organização*. 2. ed. São Caetano do Sul: Difusão, 2008.

Martino, Luís Mauro Sá. *Métodos de pesquisa em comunicação*. Petrópolis: Vozes, 2018.

Martino, Luís Mauro Sá; Marques, Ângela Cristina S. *Ética, mídia e comunicação: relações sociais em um mundo conectado*. São Paulo: Summus, 2018.

Medeiros, Michelle. "As lacunas na comunicação interna na perspectiva de 2.500 empregados". Newsletter mensal Comunicação Disruptiva. *LinkedIn*. 8 jun. 2022. Disponível em: https://www.linkedin.com/pulse/lacunas-na-comunica%C3%A7%C3%A3o-interna-perspectiva-de-2500-michele-medeiros/. Acesso em: 27 jun. 2022.

Mullaney, Craig. "Connected leadership". [2019] *Site Brunswick Group*. Disponível em: https://www.brunswickgroup.com/perspectives/connected-leadership/. Acesso em: 14 ago. 2023.

Nassar, Paulo. "O valor da representação". *Jornal da USP*. 25 fev. 2022. Disponível em: https://jornal.usp.br/?p=494779. Acesso em: 4 mar. 2022.

Neves, Ricardo. *CEO Virtual: lições de liderança para o mundo pós-pandemia*. São Paulo: e-galáxia, 2022.

Pimenta, Fernanda. "O papel da liderança em comunicação interna: como podemos apoiar?" *Site Trama Web*. 31 mar. 2022. Disponível em: https://www.tramaweb.com.br/papel-lideranca-comunicacao-interna/. Acesso em: 27 jun. 2022.

PISARRA, Fátima. *Profissão influencer: como fazer sucesso dentro e fora da internet*. Rio de Janeiro: HarperCollins, 2022.

PRODANOV, Laura S. *et al.* "Autenticidade, carisma e engajamento em plataformas: percepção de fatores de sucesso de influenciadores por usuários do Instagram". *Lumina*, [S. l.], v. 17, n. 2, p. 42-61, 2023. Disponível em: https://periodicos.ufjf.br/index.php/lumina/article/view/38698. Acesso em: 8 set. 2023.

PROPMARK. "Vivo amplia programa de influenciadores". *Site Propmark*. 18 set. 2024. Disponível em: https://propmark.com.br/vivo-amplia-programa-de-influenciadores/#:~:text=A%20Vivo%20iniciou%20uma%20nova,reconhecer%20pessoas%20que%20naturalmente%20s%C3%A3o. Acesso em: 24 jan. 2025.

REDAÇÃO ÉPOCA NEGÓCIOS. "CEO da AirAsia é criticado após postar foto sem camisa no LinkedIn". *Época Negócios*. 18 out. 2023. Disponível em: https://epocanegocios.globo.com/google/amp/empresas/noticia/2023/10/ceo-da-airasia-e-criticado-apos-postar-foto-sem-camisa-no-linkedin.ghtml. Acesso em: 20 out. 2023.

ROCHA, Roseani. "Marcas por trás das marcas". *Meio & Mensagem*. Suplemento especial CMO. 10 maio 2021a, p. 24-27.

_____. "Visite nossa cozinha". *Meio & Mensagem*. Suplemento especial CMO. 10 maio 2021b, p. 28-31.

SANTORA, Jacinda. *13 Influencer Marketing Trends to Watch in 2021*. 2021. Disponível em: https://influencermarketinghub.com/influencer-marketing-trends/. Acesso em: 23 jul. 2021.

SANTOS, Flávio. *Economia da influência: transforme a narrativa da sua marca em seu maior ativo e adapte seu negócio para ter resultados escaláveis*. São Paulo: Gente, 2022.

SCORCE, Carolina. "Telhado e vitrine ao mesmo tempo. Crescem profissionais que usam perfis pessoais no LinkedIn e outras redes para alavancar as empresas e marcas onde trabalham". *Meio & Mensagem*. Creators&Influence. 31 out. 2022. Número 2034. Ano XLV.

SILVA, Diego W.; BALDISSERA, Rudimar. "Comunicação organizacional e estratégias de (in)visibilidade nas mídias sociais". In: TERRA, Carolina Frazon; DREYER, Bianca Marder; RAPOSO, João F. *Comunicação organizacional: práticas, desafios e perspectivas digitais*. São Paulo: Summus, 2021, p. 37-49.

STATISTA GLOBAL CONSUMER SURVEY. "The influence of influencers". 2021. Instagram: @statista. Disponível em: https://www.instagram.com/p/CPa8AahLuJV/. Acesso em: 23 jul. 2021.

TANSLEY, A. G. "The use and abuse of vegetational concepts and terms". *Ecology*, n. 16, p. 284-307, 1935.

TERRA, Carolina F. "De influenciadores digitais a creators: mais possibilidades para a Comunicação Organizacional?" *Anais do VII Congresso Abrapcorp*, 2023. Disponível em: https://doi.org/10.55592/524.2023.2590811.

_____. "Ecossistema da influência digital: mais possibilidades para a comunicação organizacional". *Anais do XVI Congresso Brasileiro Científico de Comunicação Organizacional e de Relações Públicas 2022*. Disponível em: https://proceedings.science/abrapcorp-2022/trabalhos/ecossistema-da-influencia-digital-mais-possibilidades-para-a-comunicacao-organiz. Acesso em: 2 maio 2025.

_____. *Marcas influenciadoras digitais*: como transformar organizações em produtoras de conteúdo digital. São Caetano do Sul: Difusão, 2021.

_____. *Usuário-mídia: a relação entre a comunicação organizacional e o conteúdo gerado pelo internauta nas mídias sociais*. 2011. Tese (doutorado em Interfaces Sociais da Comunicação) — Escola de Comunicações e Artes, Universidade de São Paulo, São Paulo, 2011. Disponível em: https://www.teses.usp.br/teses/disponiveis/27/27154/tde-02062011-151144/publico/TESE_CAROL_28_02_11.pdf. Acesso em: 12 maio 2025.

THE SHIFT. Cobertura especial SWSW. *Newsletter The Shift*. 14 a 22 mar. 2022. Disponível em: https://mailchi.mp/theshift/especial-sxsw-2022-liderancas?e=6624541865. Acesso em: 21 mar. 2022.

TORRES, Eduardo C. "Economia e carisma da indústria cultural da celebridade". In: FRANÇA, Vera *et al. Celebridades no século XXI*: transformações no estatuto da fama. Porto Alegre: Sulina, 2014. p. 71-95.

TOURINHO, Pedro. *Eu, eu mesmo e minha selfie*: como cuidar da sua imagem no século XXI. São Paulo: Portfolio-Penguin, 2019.

YOUPIX. "Vem aí na creator economy. Uma visão da Youpix sobre o futuro do mercado e principais tendências para 2025". *Site Youpix*. Jan. 2025. Disponível em: https://www.youpix.com.br/vem-ai-2025-download. Acesso em 24 fev. 2025.

_____. "Médico, arquiteto e professor: todo mundo virou influenciador?" *Site Youpix*. 16 ago. 2023. Disponível em: https://www.youpix.com.br/blog/todo-mundo-virou-influenciador. Acesso em: 28 out. 2024.

_____. "Report retrospectiva 2021 e tendências 2022". *Medium Youpix*. 6 dez. 2021. Disponível em: https://medium.youpix.com.br/baixe-aqui-report-retrospectiva-2021-e-tend%C3%AAncias-2022-4a44966c92fe. Acesso em: 11 fev. 2022.

YOUPIX e NIELSEN. "Pesquisa ROI & Influência 2023". *Site Youpix*. Disponível em: https://tag.youpix.com.br/roi-2023-download. Acesso em: 10 ago. 2023.

ZANATTA, Bianca. "Profissionais liberais sofrem pressão para se promover nas redes sociais". *Estadão*. 26 fev. 2022. Disponível em: https://www.estadao.com.br/economia/sua-carreira/profissionais-liberais-sofrem-pressao-para-se-promover-nas-redes-sociais/?srsltid=AfmBOorhg8sBVFQE9kAAX-vONkF3UvY7q782NNXWIe-eAlxgL2dDwSCdA. Acesso em: 7 mar. 2022.

Agradecimentos

FELIZ É AQUELE QUE pode contar com os amigos! Aqui vai um agradecimento especial à Issaaf Karhawi, referência em influência digital, por ter topado escrever o prefácio desta obra; e ao amigo de escola Samir Tinani, que, no papel de advogado, me ajudou a esclarecer dúvidas sobre o regime de trabalho envolvendo os influenciadores internos.

leia também

CONTEÚDO DE MARCA
Os fundamentos e a prática do *branded content*
Leonardo Moura

Na última década, o conteúdo de marca ganhou cada vez mais visibilidade no país, sobretudo com o avanço das plataformas digitais e da mídia *on demand*. Este livro, primeiro do Brasil sobre o assunto, conta com a experiência prática de Leonardo Moura no segmento, mas ao mesmo tempo se baseia em e pesquisas sobre o conteúdo na forma de narrativa. Mostra ainda exemplos bem-sucedidos – e outros nem tanto – de ações nesse campo, indo do mercado de cerveja ao de sustentabilidade, detalhando os diversos tipos de gênero narrativo. Leitura obrigatória para empreendedores, agências de publicidade, marcas e anunciantes, veículos diversos, produtores de conteúdo e influenciadores digitais.

ISBN: 978-65-5549-029-9

COMUNICAÇÃO ORGANIZACIONAL
Práticas, desafios e perspectivas digitais
Carolina Terra, Bianca Marder Dreyer e João Francisco Raposo (orgs.)

A obra reúne dezessete especialistas em torno de uma proposta inédita: analisar o cenário contemporâneo e a centralidade do digital na comunicação organizacional. Para tanto, os autores apresentam discussões teóricas, reflexões práticas e apostas em tendências para o mercado. O livro aborda: conceitos acerca da comunicação organizacional; a comunicação interna; as últimas novidades em temas como públicos, audiências e *big data*; a influência digital; o planejamento; a gestão de crises; e as métricas. Destinada a profissionais de relações públicas, marketing e publicidade, a coletânea oferece referências fundamentais no que se refere a volatilidade, imediatismo e transparência.

ISBN: 978-65-5549-039-8

www.gruposummus.com.br